军人优抚保障制度
比较研究

JUNREN
YOUFU BAOZHANG
ZHIDU
BIJIAO YANJIU

范围 等 ◎ 著

首都经济贸易大学出版社
Capital University of Economics and Business Press
·北 京·

图书在版编目（CIP）数据

军人优抚保障制度比较研究／范围等著 . -- 北京：
首都经济贸易大学出版社，2024.4

ISBN 978-7-5638-3684-0

Ⅰ.①军…　Ⅱ.①范…　Ⅲ.①军人-优抚安置-制度-
对比研究-世界　Ⅳ.①E123

中国国家版本馆 CIP 数据核字（2024）第 084595 号

军人优抚保障制度比较研究

JUNREN YOUFU BAOZHANG ZHIDU BIJIAO YANJIU

范　围　等著

责任编辑	彭伽佳	
封面设计	砚祥志远·激光照排　TEL：010-65976003	
出版发行	首都经济贸易大学出版社	
地　　址	北京市朝阳区红庙（邮编 100026）	
电　　话	（010）65976483　65065761　65071505（传真）	
网　　址	http://www.sjmcb.com	
E- mail	publish@cueb.edu.cn	
经　　销	全国新华书店	
照　　排	北京砚祥志远激光照排技术有限公司	
印　　刷	北京建宏印刷有限公司	
成品尺寸	170 毫米×240 毫米　1/16	
字　　数	187 千字	
印　　张	13	
版　　次	2024 年 4 月第 1 版　2024 年 4 月第 1 次印刷	
书　　号	ISBN 978-7-5638-3684-0	
定　　价	68.00 元	

▶▶▶▶▶▶ 目　　录 ◀◀◀◀◀◀

第一章
中国军人优抚保障制度

　　军人优抚保障制度是社会保障制度的重要组成部分。优抚对象作为现在或曾经维护国家安全的重要群体，为他们建立优抚保障制度，对我国国防和军队现代化建设以及维护社会和谐稳定具有重要作用。随着社会主义市场经济的不断发展以及社会转型的不断深入，如何完善军人优抚保障制度，更好地维护优抚对象的合法权益，成为需要深入研究的重大现实问题。鉴于此，本章基于我国军人优抚保障制度现状，从军人优抚保障制度设计和制度实施两个维度来分析我国军人优抚保障制度存在的问题，并在借鉴域外经验的基础上提出推进我国军人优抚保障制度改革的基本思路。

　　本书提出的改革措施主要有：第一，明确制度设计原则，包括优抚保障水平与经济发展水平相结合的原则、国家抚恤与社会优待相结合的原则、政策保障与人文关怀相结合的原则、优抚保障对象公平性的原则。第二，完善军人优抚保障制度设计，包括实现军人优抚保障制度目标定位从解困帮扶到普惠加优待的转型，提升军人优抚保障制度的立法位阶，提升军人优抚保障制度的规范性与具体规定的可操作性，实现军人优抚保障制度与社会保障制度的衔接等。第三，推动军人优抚保障管理体制改革，包括加强对军人优抚保障工作的组织建设，提升基层组织工作人员素质等。第四，完善军人优抚待遇保障机制，包括优抚待遇水平、资金来源以及优抚待遇项目等。第五，完善配套措施，包括建立统一监管部门，加大监管力度，推动社会组织发展，加深军人优抚保障工作的社会化程度，加快军人优抚保障工作的信息化建设，切实提高军人优抚保障工作的信息化水平，建立军人优抚保障司法救济机制等。

第一节　导　论

一　军人优抚保障制度的研究背景

军人优抚保障制度作为我国军人社会保障制度体系的重要组成部分，关系到党、国家和人民的根本利益，一直受到党和政府的高度重视，是巩固国防、加强军队建设的重要保证。中国共产党在土地革命时期就开始建立优抚制度。1929 年 12 月，《中国共产党红军第四军第九次代表大会决议案》就讨论并决定了"优待伤病兵问题"。1930 年 4 月，中国工农红军第五军规定，遇有伤亡的官兵及受难士兵的家属，经党团组织研究给予慰问和救济。1931 年 7 月，鄂豫皖边区第二次苏维埃代表大会通过《红军战士伤亡抚恤条例》，对红军战士伤亡抚恤作了原则性规定。[1] 中华人民共和国成立到"文革"期间，军人优抚保障体系初步形成，包括对革命烈士的抚恤和褒扬、对革命残疾军人的抚恤和优待、对老年军人的优待以及对军烈属的优待。"文革"期间，军人优抚保障制度的实施遭受挫折。改革开放后，军人优抚保障制度逐步恢复和完善，加强了相关法治建设，加大了国家投入，提高了优待抚恤标准，拓展了优抚对象的社会优待范围和内容。[2] 中华人民共和国成立之初，政务院于 1950 年颁布了《革命军人牺牲、病故褒恤暂行条例》《革命烈士家属、革命军人家属优待暂行条例》《革命工作人员伤亡褒恤暂行条例》《民兵民工伤亡褒恤暂行条例》《革命残废军人优待抚恤暂行条例》，明确了社会优抚的对象、方式、标准等内容，建立起了以军人及其家属为对象的优抚制度。改革开放后，随着军队改革的推进，1988 年，国务院发布《军人抚恤优待条例》。2004 年，国务院、中央

---

[1] 隋东升. 中国优抚制度的建立和发展 [J]. 军事历史, 1995 (3): 14-16.
[2] 刘爱民. 建国以来军人优抚制度回顾 [J]. 前沿, 2012, (4): 26-27.

军委制定《军人抚恤优待条例》，2011年、2019年又先后两次修订了该条例。

党的十八大以来，中国特色社会主义进入新时代，以习近平同志为核心的党中央高度重视军人军属的权益保障工作。2013年11月12日，中国共产党十八届三中全会第三次全体会议通过的《关于全面深化改革若干重大问题的决定》明确将"加强信息化建设集中统管""完善兵役制度、士官制度、退役军人安置制度改革配套措施"作为"深化国防和军队改革"的重要举措。2016年6月24日，由民政部、国家发展改革委颁布的《民政事业发展第十三个五年规划》中，又将"加强优待抚恤"作为"服务国防和军队现代化建设"五个举措之一，指出："积极解决优抚安置政策落实中广大军民关注的重点难点问题，做好与国防军队体制改革后人员安置政策的衔接，完善优待、抚恤、褒扬、安置和服务五项基本制度，加强组织管理、政策落实、资金保障、技术支撑，逐步实现由解困优抚向普惠加优待转变，由城乡有别向城乡一体化转变，由偏重物质保障向物质和精神并重转变，由计划安置与市场就业相结合向依法安置与市场就业相结合转变，由粗放型服务向精细化服务转变，全方位提高服务国防和军队现代化建设的能力。"党的十九大报告提出："组建退役军人管理保障机构，维护军人军属合法权益，让军人成为全社会尊崇的职业。深化武警部队改革，建设现代化武装警察部队。"为此，2018年中共中央颁布的《深化党和国家机构改革方案》决定组建退役军人事务部："为维护军人军属合法权益，加强退役军人服务保障体系建设，建立健全集中统一、职责清晰的退役军人管理保障体制，让军人成为全社会尊崇的职业，将民政部的退役军人优抚安置职责，人力资源和社会保障部的军官转业安置职责，以及中央军委政治工作部、后勤保障部有关职责整合，组建退役军人事务部，作为国务院组成部门。主要职责是，拟订退役军人思想政治、管理保障等工作政策法规并组织实施，褒扬彰显退役军人为党、国家和人民牺牲奉献的精神风范和价值导向，负责军队转业干部、复员干部、退休干部、退役士兵的移交安置工作和自主择业退役军人服务管理、待遇保障工作，组织开展退役军人教育培训、优待抚恤等，指导全国拥军优属工作，负责烈士及退役军人荣誉奖励、军人公墓维护以及纪念活动等。"2020年，全国人大常委会制定的《退役军人保障法》第六章规定了抚恤优待。2021年，《中华人民共和国国民经济和社会发展第十四个五年规划和2035年远景目标纲要》提出："完善退役军人事务组织管理体系、工作运行体系和政策制度体系，提升退役军人服务保障水平。深化退役军人安置制度改革，加大教育培训和就业扶持力度，拓展就业领域，提升安置质量。建立健全新型待遇保障体系，完善和落实优抚政策，合理提高退役军人和其他优抚对象待遇标准，做好随调配偶子女工作安排、落户和教育等工作。完善离退休军人和伤病残退役军人移交安置、收治休养制度，加强退役军人服务中心（站）建设，提升优抚医院、光荣院、军供站等建设服务水平。加强退役军人保险制度衔接。大力弘扬英烈精神，加强烈士纪念设施建设和管护，建设军人公墓。深入推动双拥模范城（县）创建。"2021年，全国人大常委会制定的《军人地位和权益保障法》第五章规定了抚恤优待。党的二十大报告强调："加强军人军属荣誉激励和权益保障，做好退役军人服务保障工作，巩固发展军政军民团结。"

二　军人优抚保障制度改革的必要性

（一）军人优抚保障制度改革是加强国防和军队建设的需要

无论是在战争年代，还是在和平年代，优抚工作历来受到党和国家的高度重视。由于优抚对象的特殊性，优抚工作也具有特殊性，它关系到军心的稳定、社会的发展、国家的安宁。改革完善军人优抚保障制度，不仅能激发现役军人的积极性，留住军人，通过建立完善的军人优抚保障制度，为军人提供优厚的福利、抚恤优待，还可以增强军人职业的吸引力，把最优秀的人才吸引到军队中来。因此，军人优抚保障制度改革十分必要。

（二）军人优抚保障制度改革是维护军人合法权益、补偿军人贡献的需要

军人是一个特殊的社会群体，军人所从事的是国防事业，这一职业具有高风险性、奉献性和牺牲性等特点，理应受到全社会的尊重和保护。然而在现实生活中，军人权益保障不足的现象依然存在，如家属随军就业难、子女入学难等。只有建立相对完善的军人优抚保障制度，使军人的基本权益得到有效保护、贡献得到补偿，才能激发全军将士献身国防事业的热情，更好地肩负起人民军队的神圣使命。

第二节　军人优抚保障制度基本理论

一　军人优抚保障概念及其理论依据

优抚是优待和抚恤的简称，是指国家和社会对为人民利益作出牺牲或有特殊贡献者给予的良好待遇，是以政府为责任主体的特殊社会保障制度。具体而言：

第一，优抚对象包括中国人民解放军现役军人和武警官兵、革命伤残军人、复员退役军人、革命烈士家属、因公（战）牺牲（残疾）军人家属、病故军人家属、现役军人家属等。

第二，优抚具有四个方面特征：

（1）优抚对象的特定性。优抚的对象是为革命事业和保卫国家安全作出牺牲和贡献的特殊社会群体，由国家对他们的牺牲和贡献给予补偿和褒扬。

（2）优抚保障的标准较高。由于优抚具有补偿和褒扬性质，因此，优抚待遇高于一般的社会保障待遇，优抚对象能够优先、优惠地享受国家和社会提供的各种优待、抚恤、服务和政策扶持。

（3）优抚资金来源的国家性。优抚虽实行国家和社会相结合的方针，但资金主要由国家财政投入，是政府的一项重要职责。

(4) 优抚内容和措施的综合性。社会优抚与社会保险、社会救助和社会福利不同，它是特别针对某一特殊身份的群体所设立的，内容涉及社会保险、社会救助和社会福利等，包括抚恤、优待、养老、就业安置等多方面的内容，是一种综合性的项目。

劳动补偿理论是军人优抚保障的重要理论依据。军人职业劳动补偿理论认为，军人职业是特殊的职业，军人劳动是高风险、高强度、高成本的人类劳动，与其他职业劳动者相比，应给予军人更高的社会保障待遇，作为对军人特殊职业付出的补偿。因此，我国军人优抚保障制度的基本出发点应是在保障优抚对象基本生活水平的基础上，体现有别于一般社会群体的物质和精神上的优待和褒扬。

二 优抚权利及其性质

军人优抚权是指军人享受国家和社会优待和抚恤的权利。军人能否享受、在多大范围内享受国家的优抚待遇，根本上取决于军人优抚的"属性"，即军人优抚的渊源或依据。[①] 《宪法》第 45 条第 2 款规定："国家和社会保障残废军人的生活，抚恤烈士家属，优待军人家属。"该规定是我国军人及其家属优抚保障权利的宪法基础，从该规定来看，我国军人及其家属的优抚权利具有以下特点：

从理论上看，军人及其家属的优抚权利乃是基于军人及其家属保家卫国所作出的特殊贡献，而非因他们生活陷入困境，由国家所提供的救助或恩赐。社会救助权作为社会保障权的一部分，是指贫困者和由于其他原因陷入长期或临时困难的个人和家庭所享有的政府和社会直接向其提供物质和服务帮助的权利。[②] 因此，不可将军人及其家属的优抚与面向生活困难群体的社会救助混淆。军人及其家属优抚权利的保障水平也

---

① 刘利辉，刘春玲. 军人优抚权的法律属性分析 [J]. 武警学院学报，2008，(7)：28.

② 国家发展和改革委员会社会发展研究所课题组，谭永生，关博，等. 我国社会救助制度的构成、存在问题与改进策略 [J]. 经济纵横，2016，(6)：86.

不应是以"托底线、救急难"为原则，而应充分考量军人及其家属的贡献，确保他们能够得到优待和褒扬。

从制度功能来看，军人及其家属的优抚权利不以维系保障对象的基本生存为目的，而是具有激励和宣扬功能，即对作出贡献的军人及其家属予以优待和褒扬，激励他们再立新功，也是希望能够起到良好的社会宣扬效果，激励民众积极投身国防事业、支持国防。《军人抚恤优待条例》第1条规定，军人优抚保障的目的为"激励军人保卫祖国、建设祖国的献身精神，加强国防军队建设"。

从体系来看，军人及其家属的优抚权是公民社会保障基本权的重要组成部分，具有一定的独立性，与社会救助权等其他社会保障权的组成部分不同。《宪法》第44、45条被视为我国的社会保障基本权条款，第45条又根据保障对象以及内容的差异进行了区分，第45条第1款明确规定了公民的社会保险权和社会救助权。第2款则是专门针对军人及其家属规定了优抚权利；第3款针对残疾人规定了社会救助权利。从体系来看，第45条第1款是一般性规定，而第2、3款则是特别性规定。军人及其家属的优抚权与其他社会保障权的组成部分相比，在主体功能以及定位方面具有明显的差异。

三 军人优抚保障制度体系

根据国务院《退役军人保障法》《军人地位和权益保障法》《军人抚恤优待条例》《烈士褒扬条例》等，我国的军人优抚保障内容包括抚恤、优待以及褒扬纪念。

（一）抚恤

1. 死亡抚恤

死亡抚恤是国家对现役军人死亡被批准为烈士的家属、因公牺牲和病故军人家属及因公牺牲病故的国家机关人员的家属给予的一次性给付和定期抚恤给付的优抚保障项目。死亡抚恤的对象是现役军人死亡，被批准为烈士、被确认为因公牺牲或者病故的军人遗属，享受死亡抚恤待遇。

《军人抚恤优待条例》第8、9、10条分别列举了现役军人死亡、被批准为烈士、被确认为因公牺牲、被确认为病故的法定情形。死亡性质的批准机关如表1-1所示。

表1-1　死亡性质的批准（确认）机关

死亡性质		批准（确认）机关
批准烈士	属于因战死亡的	军队团级以上单位政治机关批准
	属于非因战死亡的	军队军级以上单位政治机关批准
	属于其他死难情节特别突出，堪为楷模的	中国人民解放军原总政治部批准
因公牺牲	执行任务或上下班途中因意外事件死亡；被认定为因战/因公致残后因旧伤复发死亡；因患职业病死亡；执行任务中或在工作岗位上因病猝然死亡或因医疗事故死亡	军队团级以上单位政治机关确认
	属于其他因公死亡情形	军队军级以上单位政治机关确认
现役军人病故		军队团级以上单位政治机关确认

死亡抚恤待遇包括：

（1）一次性抚恤金。一次性抚恤金是国家按规定一次性发给烈士、因公牺牲军人、病故军人遗属的抚恤金。现役军人死亡，根据其死亡性质和死亡时的月工资标准，由县级人民政府民政部门发给其遗属一次性抚恤金。具体标准是：烈士和因公牺牲的，为上一年度全国城镇居民人均可支配收入的20倍加本人40个月的工资；病故的，为上一年度全国城镇居民人均可支配收入的2倍加本人40个月的工资。月工资或者津贴低于排职少尉军官工资标准的，按照排职少尉军官工资标准计算。获得荣誉称号、立功或者生前作出特殊贡献的烈士、因公牺牲军人、病故军人，其遗属在享受一次性抚恤金的基础上，还可以享受按一定比例增发的一次性抚恤金或者一次性特别抚恤金。军人烈士遗属还可依照

《烈士褒扬条例》的规定享受烈士褒扬金，其标准为烈士牺牲时上一年度全国城镇居民人均可支配收入的30倍。

一次性抚恤金发给烈士、因公牺牲军人、病故军人的父母（抚养人）、配偶、子女；没有父母（抚养人）、配偶、子女的，发给未满18周岁的兄弟姐妹和已满18周岁但无生活费来源且由该军人生前供养的兄弟姐妹。

（2）定期抚恤金。定期抚恤金是国家对符合条件的烈士遗属、因公牺牲军人遗属、病故军人遗属，按照一定标准定期发给的抚恤金。定期抚恤金的标准应当参照全国城乡居民家庭人均收入水平确定。

2. 残疾抚恤

残疾抚恤是现役军人因战、因公或因病致残，根据丧失劳动能力的程度，由国家给予的物质保障。根据现役军人的伤残性质，残疾抚恤的事故范围包括：①因公致残。在执行公务中致残，经医疗终结，符合评残条件的。②因战致残。对敌作战负伤致残，经医疗终结，符合评残条件的。③因病致残。义务兵和初级士官除因被认定为因战、因公致残后因旧伤复发死亡的或因患职业病死亡的，其他原因疾病导致残疾的，认定为因病致残。

（1）伤残的性质认定和等级评定。残疾抚恤针对被认定为因战致残、因公致残或者因病致残的军人。《军人抚恤优待条例》对因战致残、因公致残或者因病致残三种情形作了详细说明。残疾的等级根据劳动功能障碍程度和生活自理障碍程度确定，由重到轻分为一级至十级。

现役军人因战、因公致残，医疗终结后符合评定残疾等级条件的，应当评定残疾等级。义务兵和初级士官因病致残，符合评定残疾等级条件，本人（精神病患者由其利害关系人）提出申请的，也应当评定残疾等级。

现役军人因战、因公致残，未及时评定残疾等级，退出现役后或者医疗终结满3年后，本人（精神病患者由其利害关系人）申请补办评定残疾等级，有档案记载或者有原始医疗证明的，可以评定残疾等级。

现役军人被评定残疾等级后，在服现役期间或者退出现役后残疾情况发生严重恶化，原定残疾等级与残疾情况明显不符，本人（精神病患者由其利害关系人）申请调整残疾等级的，可以重新评定残疾等级。

义务兵和初级士官的残疾，由军队军级以上单位卫生部门认定和评定；现役军官、文职干部和中级以上士官的残疾，由军队军区级以上单位卫生部门认定和评定；退出现役的军人和移交政府安置的军队离休、退休干部需要认定残疾性质和评定残疾等级的，由省级人民政府民政部门认定和评定。评定残疾等级，应当依据医疗卫生专家小组出具的残疾等级医学鉴定意见。

（2）残疾抚恤待遇。因战、因公致残，残疾等级被评定为一级至十级的，享受抚恤；因病致残，残疾等级被评定为一级至六级的，享受抚恤。抚恤待遇具体包括三个方面：

一是抚恤金。残疾军人的抚恤金标准应当参照全国职工平均工资水平确定。残疾抚恤金的标准以及一级至十级残疾军人享受残疾抚恤金的具体办法，由国务院退役军人事务部门会同国务院财政部门规定。县级以上地方人民政府对依靠残疾抚恤金生活仍有困难的残疾军人，可以增发残疾抚恤金或者采取其他方式予以补助，保障其生活不低于当地的平均生活水平。退出现役的残疾军人，按照残疾等级享受残疾抚恤金。残疾抚恤金由县级人民政府退役军人事务部门发给。因工作需要继续服现役的残疾军人，经军队军级以上单位批准，由所在部队按照规定发给残疾抚恤金。

二是国家供养及护理费。退出现役的一级至四级残疾军人，由国家供养终身；其中，对需要长年医疗或者独身一人不便分散安置的，经省级人民政府退役军人事务部门批准，可以集中供养。

对分散安置的一级至四级残疾军人发给护理费，护理费的标准为：①因战、因公一级和二级残疾的，为当地职工月平均工资的50%；②因战、因公三级和四级残疾的，为当地职工月平均工资的40%；③因病一级至四级残疾的，为当地职工月平均工资的30%。退出现役的残疾军人的护理费，由县级以上地方人民政府退役军人事务部门发给；未退出现役的残疾军人的护理费，经军队军级以上单位批准，由所在部队发给。

三是假肢、代步三轮车等辅助器械。残疾军人需要配制假肢、代步三轮车等辅助器械，正在服现役的，由军队军级以上单位负责解决；退出现役的，由省级人民政府退役军人事务部门负责解决。

（3）伤残军人死亡待遇。退出现役的因战、因公致残的残疾军人因旧伤复发死亡的，由县级人民政府退役军人事务部门按照因公牺牲军人的抚恤金标准发给其遗属一次性抚恤金，其遗属享受因公牺牲军人遗属抚恤待遇。

退出现役的因战、因公、因病致残的残疾军人因病死亡的，对其遗属增发12个月的残疾抚恤金，作为丧葬补助费；其中，因战、因公致残的一级至四级残疾军人因病死亡的，其遗属享受病故军人遗属抚恤待遇。

（二）优待

社会优待是指国家和社会对优抚对象从物质上给予优厚待遇，从精神上给予高度评价。与一般社会成员相比，优抚对象享受的待遇更优越，充分体现了国家和社会对于军人、烈士及其家属的尊重与呵护。依据《国防法》《兵役法》《军人抚恤优待条例》《烈士褒扬条例》等，社会优待的对象包括现役军人、服现役或者退出现役的残疾军人以及复员军人、退役军人、烈士遗属、因公牺牲军人遗属、病故军人遗属、现役军人家属，他们应当受到社会的尊重，受到国家和人民群众的优待。

1. 义务兵优待

义务兵优待主要体现为国家发放优待金。义务兵服现役期间，其家庭由当地人民政府发给优待金或者给予其他优待，优待标准不低于当地平均生活水平。义务兵及其家属还可以享受法律规定的其他优待。义务兵服现役期间，其家庭由当地人民政府发给优待金或者给予其他优待，优待标准不低于当地平均生活水平。义务兵和初级士官入伍前是国家机关、社会团体、企业事业单位职工（含合同制人员）的，退出现役后，允许复工复职，并享受不低于本单位同岗位（工种）、同工龄职工的各项待遇；服现役期间，其家属继续享受该单位职工家属的有关福利待遇。义务兵和初级士官入伍前的承包地（山、林）等，应当保留；服现役期间，除依照国家有关规定和承包合同的约定缴纳有关税费外，免除其他负担。义务兵从部队发出的平信，免费邮递。

2. 医疗优待

残疾军人、复员军人、带病回乡退役军人以及烈士遗属、因公牺牲军人遗属、病故军人遗属享受医疗优惠待遇。在国家机关、社会团体、企业事业单位工作的残疾军人，享受与所在单位工伤人员同等的生活福利和医疗待遇。国家根据军人残疾级别的轻重，规定了不同的医疗费用支出制度。

3. 交通出行等公共服务优待

现役军人、残疾军人凭有效证件优先购票乘坐境内运行的火车、轮船、长途公共汽车以及民航班机；残疾军人享受减收正常票价50%的优待，现役军人乘坐市内公共汽车、电车和轨道交通工具享受优待；残疾军人免费乘坐市内公共汽车、电车和轨道交通工具；现役军人、残疾军人凭有效证件参观游览公园、博物馆、名胜古迹享受优待。

4. 入伍、就业优待

烈士、因公牺牲军人、病故军人的子女、兄弟姐妹，本人自愿应征并且符合征兵条件的，优先批准服现役。义务兵和初级士官退出现役后，报考国家公务员，在与其他考生同等条件下优先录取。

5. 教育优待

义务兵和初级士官退出现役后，报考高等学校和中等职业学校，在与其他考生同等条件下优先录取。《军人抚恤优待条例》规定了退役士兵、残疾军人、烈士子女、因公牺牲军人子女、一级至四级残疾军人子女、现役军人子女在教育方面所享有的优待。《退役军人保障法》《退役士兵安置条例》也有相关规定。

6. 住房优待

残疾军人、复员军人、带病回乡退役军人、烈士遗属、因公牺牲军人遗属、病故军人遗属承租、购买住房，依照有关规定享受优先、优惠待遇；居住农村的抚恤、优待对象住房困难的，由地方人民政府帮助解决。

7. 经济补助

经济补助是国家拨出专项经费，定期向符合条件的经济补助对象发给一定限额的生活补助费。对优抚对象实行经济补助，也是社会优待的重要方式之一。

（三）褒扬纪念

我国烈士褒扬纪念的立法体系较为完善，包括《英雄烈士保护法》《烈士褒扬条例》《烈士公祭办法》《烈士安葬办法》《烈士纪念设施保护管理办法》等。其中，烈士褒扬金、遗属抚恤金等金钱给付的待遇，性质上属于社会抚恤；军人烈士的公祭、安葬以及烈士纪念设施的管理等是对军人烈士所作出突出贡献的补偿，性质上属于社会优抚。

（四）军人优抚与社会救助、社会福利、社会保险之间的关系

在我国，军人优抚、社会救助、社会福利和社会保险构成了社会保障制度体系的主要内容，它们之间既有联系，又有区别。区别详见表1-2：

表1-2　军人优抚与社会救助、社会福利和社会保险的区别

	军人优抚	社会救助	社会保险	社会福利
实施对象	为革命事业和保卫国家安全作出牺牲和贡献的特殊社会群体	社会低收入群体和困难人群	以工资收入为其主要生活来源的劳动者	全体社会成员
实施目的	激励军人保卫祖国、建设祖国的献身精神，加强国防和军队建设	扶危济贫，救助社会弱势群体	保障全体社会成员在遭遇风险时，能够从国家和社会得到必要的补偿和帮助	追求社会公平

续表

	军人优抚	社会救助	社会保险	社会福利
资金来源	国家和社会	国家和地方	用人单位和劳动者个人缴纳，国家财政作适当的补贴	国家和社会
实施条件	国家和社会对优抚对象单方面的责任和义务	国家和社会对救助对象单方面给付义务	权利义务对等原则	国家和社会对全体社会成员单方面的责任和义务

第三节　军人优抚保障的立法演进及问题分析

一　军人优抚保障的立法演进

我国古代就有士兵抚恤优待制度，如西周设"疡医"，为残疾士兵提供医疗服务。中华人民共和国成立以前，中国共产党在革命根据地先后颁布了多部军人优抚的规定。中华苏维埃先后颁布了 1931 年《中国工农红军优待条例》、1931 年《红军抚恤条例》以及 1934 年《中国共产党中央委员会中华苏维埃共和国人民委员会关于优待红军家属的决定》等法律。在抗日革命根据地先后颁布了 1937 年《陕甘宁边区优待抚恤抗日将士条例》《陕甘宁边区优待抗日军人家属条例》、1940 年《陕甘宁边区抚恤暂行办法》、1942 年《抗日军人退役及安置暂行办法》等。解放战争期间，先后颁布 1948 年《中共中央关于土地改革中各社会阶级的划分及其待遇的规定（草案）》、1949 年《革命军人家属优待条例》。中华人民共和国成立后，我国高度重视军人优抚保障，不断完善相关立法。

（一）探索阶段（1949—1977 年）

新中国成立后，逐步由革命战争转向国家建设，涉及军人优抚和安置工作。1949 年，作为新中国的第一部宪法性文件——《中国人民政治协商会议共同纲领》第 25 条规定："革命烈士和革命军人的家属，其生活困难者应受国家和社会的优待。参加革命战争的残废军人和退役军人，应由人民政府给以适当安置，使能谋生立业。"根据上述规定，1950 年，政务院先后颁布了《革命残废军人优待抚恤暂行条例》《革命烈士家属革命军人家属优待暂行条例》《革命军人牺牲、病故褒恤暂行条例》。

1949 年 9 月，我国设立政务院，下设内务部等多个部门。1949 年 10 月 19 日，中央人民政府委员会第三次会议"任命谢觉哉为中央政府内务部部长，武新宇、陈其瑗为副部长"，同时设置了办公厅、干部司、民政司、社会司、地政司和优抚司 6 个内设机构。根据《中央人民政府内务部试行组织条例（草案）》的规定，优抚司的主要职责是主管烈、军、工属和革命残废军人的优待抚恤、退役安置和退休工作人员的处理、烈士褒扬追悼、烈士传记编纂和事迹遗物的搜集保管、烈士纪念物的兴建管理保护、优军、其他优抚事项等。从 1950 年 6 月开始，我国解放军统一开展复员办理工作。[①] 1950 年 7 月，第一次全国民政会议召开，会议确定当时民政工作的重点为政权建设、优抚复员和救灾救济。1950 年 9 月，中央人民政府人事部成立，承接原内务部干部司及相关事务，同时承担"军队转业干部安置"职责。1954 年，根据《国务院组织法》的规定，对中央人事部予以撤销转而成立国务院人事局，作为国务院的直属机构，虽然缩小了职责范围，但仍保留了军队转业干部安置职责。

1955 年《兵役法》第 45、46 条规定："现役军人因公牺牲或者病故，他们的家属应当受国家的抚恤和优待。现役军人因公残废，应当受国家的抚恤和优待。抚恤和优待条例另定。""现役军人和他们的家属，应当受国家的优待。优待条例另定。"1958 年 3 月 17 日，国务院通过的《关于处理义务兵退役的暂行规定》明确，今后退出现役的军士、

---

① 国务院关于转发全国复员工作会议的情况报告和复员工作的报告的通知［J］. 江西政报，1957（11）.

兵，除极少数志愿兵外，都是义务兵。退役义务兵的安置工作主要由民政部门负责。

"文化大革命"时期，已经建立的军人优抚制度及其行政管理体制受到冲击，原有的相关立法被废止，各级优抚行政机构被撤销。直至1972年，军人优抚相关工作开始恢复。国务院将原内务部的主管业务分配给其他相关部门，其中，拥军优属工作分配给财政部，复员转业军人的安置等工作分配给了国家计委劳动局。1972年，国务院、中央军委发布《关于军队复员干部安排工作后工资待遇问题的通知》，1974年，财政部、外经部发布《关于援外出国人员牺牲、病故善后抚恤问题的处理意见》。1975年6月，国务院军队转业干部安置工作小组召开第一次会议，决定设立"国务院军队转业干部安置工作小组办公室"作为办事机构，由中共中央组织部、解放军原总政治部、国家计委劳动局、国务院政工小组等部门委派的人员组成。

(二) 恢复阶段 (1978—2000 年)

1978年3月，第五届全国人民代表大会第一次会议召开，决定设立民政部。同年5月20日，民政部党组召开第一次会议，宣告民政部正式成立。成立初期的民政部参照内务部撤销时的框架设立了办公厅、政治部、优抚局、政府机关人事局、农村社会救济司、城市社会福利司、民政司7个司局，由优抚局负责军人的优待抚恤等工作。1979年，民政部、国家劳动总局和财政部颁布《关于解决部分老红军、老干部工资过低和生活困难补助问题的通知》，要求适当提高老红军、老干部的工资待遇。民政部颁布《关于城市烈属、病故军人家属定期定量补助问题的通知》。1980年，国务院发布《革命烈士褒扬条例》。民政部发布《关于贯彻执行〈革命烈士褒扬条例〉若干具体问题的解释》（民发〔1980〕63号）。1981年，民政部给福建省民政厅作了《关于烈士军属的地、富、反、坏分子已改变成分或已摘掉帽子的可否享受优待问题的批复》。1984年制定《兵役法》。1987年制定的《退役义务兵安置条例》第 4 条规定："……退役军人安置机构设在民政部门，人民武装、计划、劳动人事等各有关部门应当协助民政部门做好退役义务兵安置的工作。"该条例第 10、11、12、13 条对退役士兵的抚恤优待也有规定。1988 年，国务院和中央军委制定了《军人抚恤优待条例》，确立了死亡抚恤、伤残服务、优待等军人优抚基本制度框架。

（三）规范阶段（2001—2017 年）

2001 年，中共中央、国务院以及中央军委联合发布《军队转业干部安置暂行办法》。2004 年，国务院、中央军委制定《军人抚恤优待条例》。2007 年，民政部颁布《伤残抚恤管理办法》。2011 年，国务院制定《烈士褒扬条例》《退役士兵安置条例》。2013 年，民政部先后制定《烈士公祭办法》《烈士安葬办法》《烈士纪念设施保护管理办法》。2014 年，民政部颁布《军队离休退休干部服务管理办法》。2008 年国务院第六次机构改革时，劳动和社会保障部、人事部合并组成人力资源和社会保障部。民政部的机构和职能变得更加稳定和明确，并内设优抚安置局等 13 个司局，其中，优抚安置司负责退役军人的优抚安置工作。2010 年，国务院办公厅、中央军委办公厅发布《关于成立全国退役士兵安置工作领导小组的通知》（国办发〔2010〕52 号），决定成立全国退役士兵安置工作领导小组，将办公室设在民政部，同时要求地方各级建立健全相应的退役士兵安置工作领导机构，组织指导退役士兵安置工作，研究拟订法规政策，协调解决重大问题，指导教育培训和伤病残士兵接收安置等。

（四）高质量发展阶段（2018 年至今）

2018 年 3 月 13 日，第十三届全国人民代表大会第一次会议审议批准了《深化党和国家机构改革方案》，决定组建退役军人事务部。同年 4 月 16 日，退役军人事务部于北京成立。我国军人社会保障制度进入高质量发展阶段。2018 年 11 月底，退役军人事务部内设机构基本组建完成。同时，地方各级也陆续逐级组建退役军人事务部门。截至 2018 年底，我国 31 个省（区、市）都设立了军人事务厅，市、县、村等都按计划成立了相应的服务机构。2019 年 2 月 26 日，国家退役军人服务中心挂牌成立。① 2018 年，全国人大常委会通过《英雄烈士保护法》。2018 年，退役军人事务部等部门联合发布《关于促进新时代退役军人就业创业工作的意见》，提出要加强信息化建设，保障退役军人在享受普惠性就业创业扶持政策和公共服务基础上再给予特殊优待。2018 年，国务院《关于推行终身职业技能培训制度的意见》提出："对即将退役的军人开展退役前技能储备培训和职业指导，对退役军人开展就业技能培训。"2020 年，退役军人事务部等部门联合制定《境外烈士纪念设施保护管理办法》；全国人大常委会通过《退役军人保障法》。2021 年，全国人大常委会通过《军人地位和权益保障法》。2022 年，退役军人事务部等部门发布《残疾退役军人医疗保障办法》。

（五）小结

近年来，在党中央的高度重视以及民政部门和各级政府部门的努力下，军人优抚工作取得了较大的进步，为军人优抚保障工作的改革与发展奠定了坚实基础。

1. 完备的军人优抚保障制度体系基本形成

当前我国军人优抚保障制度基本形成以《退役军人保障法》《军人地位和权益保障法》《军人抚恤优待条例》为主、以其他优抚保障法规政策为辅的体系，"政策法规制度'四梁八柱'搭建成型。"②（见表 1-3）。除《兵役法》《军人保险法》《现役士兵服役条例》《烈士褒扬条例》《军人军属法律援助工作实施办法》《烈士纪念设施保护管理

---

① 卢晓琳. 改革创新　履职尽责：写在退役军人事务部成立一周年之际 [N]. 人民日报，2019-04-16.

② 裴金佳. 精准落实"十四五"退役军人服务保障规划　全面推动新时代党的退役军人工作跨越发展 [EB/OL].（2023-09-12）http://www.mva.gov.cn/xinwen/xwfb/202206/t20220629_62133. html.

办法》《退役士兵安置条例》等法规政策外，地方行政机关根据地方实际出台了相关优抚政策。现在，从中央到地方的优抚保障制度体系已基本形成，为优抚对象的基本权益提供了有力的法律保障。

表1-3　军人优抚保障相关法律法规及其位阶

法律法规	位阶
《退役军人保障法》	法律
《军人地位和权益保障法》	法律
《英雄烈士保护法》	法律
《中华人民共和国兵役法》	法律
《军人抚恤优待条例》	行政法规
《退役士兵安置条例》	行政法规
《烈士褒扬条例》	行政法规
《烈士安葬办法》	部门规章
《烈士纪念设施保护管理办法》	部门规章
《军人残疾等级评定标准（试行）》	部门规章
《伤残抚恤管理办法》	部门规章
《烈士公祭办法》	部门规章
《光荣院管理办法》	部门规章
《优抚医院管理办法》	部门规章
《军队离休退休干部服务管理办法》	部门规章
《关于加强新形势下优抚安置工作的意见》	政策性文件
《关于进一步做好国有企业接收安置符合政府安排工作条件退役士兵工作的意见》	政策性文件

资料来源：根据退役军人事务部网站所公布的法律法规及其相关资料整理所得。

2. 初步形成优抚保障项目多元化、优抚对象全覆盖的优抚保障制度

我国优抚保障项目多元化、优抚对象全覆盖的优抚保障制度已基本成型。

第一，我国优抚保障项目主要有：

（1）优待。国家对烈士遗属、义务兵、残疾军人、现役军人、复员军人以及军人家属等进行优待。例如，在义务兵服役期间，其家庭由当地人民政府发给优待金或者给予其他优待，优待标准不低于当地平均生活水平。

（2）抚恤补助。军人抚恤优待优待所需资金由国务院和地方各级人民政府分级负担。

（3）褒扬。国家对烈士进行褒扬、颂扬和纪念活动，是以教育鼓舞和激励社会全体成员发扬献身精神的一种政治社会行为。

第二，当前优抚对象包括中国人民解放军现役军人和武警官兵、革命伤残军人、复员退役军人、革命烈士家属、因公牺牲军人家属、病故军人家属、现役军人家属等，基本实现全覆盖。2023 年全年领取国家定期抚恤金、定期生活补助金的退役军人和其他优抚对象 834 万人。①

3. 优抚保障工作服务网络逐步完善

优抚对象的权益保障不仅需要完备的法律法规体系，还需要相关服务机构保障制度的落实。近年来，我国逐步加大对优抚保障工作服务网络的建设力度，优抚保障工作服务网络逐步完善。退役军人事务部摸底查清全国共有烈士纪念设施 16 万多处，其中国家级烈士纪念设施 277处，省级烈士纪念设施 506 处，对全国 73 万座烈士墓实现动态信息化管理②。退役军人事务系统共有光荣院 695 家，设置床位 35 500 余张。③2017 年末，全国共有军队离退休人员管理中心、活动中心 296 个，年末职工 0.4 万人，服务军队离退休人员 34.9 万人。④ 为优抚对象提供了

---

① 国家统计局. 中华人民共和国 2023 年国民经济和社会发展统计公报［EB/ OL］. ［2024-02-29］（2024-05-22）. https：//www. gov. cn/lianbo/bumen/202402/content_6934935. htm.

② 参见《英雄烈士保护法实施五周年退役军人事务部推动新时代烈士褒扬工作创新发展》［EB/ OL］. ［2023 - 05 - 01］（2024 - 05 - 22）http：//www. mva. gov. cn/xinwen/mtbd/202305/t20230502_77604. html.

③ 参见《退役军人事务部修订公布〈光荣院管理办法〉，再次推出优待新举措》［EB/OL］. ［2020-04-01］（2024-05-22）https：//tyjrswj. tj. gov. cn/xw_63/xwfb/202010/t20201030_4033811. html.

④ 2017 年社会服务发展统计公报［EB/OL］. ［2017-08-02］（2023-09-17）https：//www. mca. gov. cn/mzsj/tjgb/2017/201708021607. pdf.

全面的服务，优抚对象的生活质量得到了较大幅度的提高。

二 军人优抚保障制度存在的问题

随着社会转型和社会主义市场经济的发展，军人优抚保障制度在理论和实践方面也逐渐凸显出一些问题。具体来说，主要体现在以下几个方面。

（一）军人优抚保障制度设计不明确

近年来，我国有关军人优抚保障的制度体系不断完善，但是仍然存在以下不足：

1. 立法目标定位相对滞后

我国军人优抚保障制度建立之初，基于当时的经济体制和社会经济发展状况，其优抚保障对象主要是残疾军人、烈属以及老红军，优抚保障的定位是帮扶解困，保证优抚对象的基本生活水平能够得到满足。随着我国经济的快速发展，人民的基本生活水平逐步提高，面向普通群众的社会保障制度日益完善，因此，军人优抚保障制度的目的不能再停留在"保基本、保生存"的阶段，而应该突出优势。虽然民政部在《民政事业发展第十三个五年规划纲要》中将"逐步实现由解困优抚向普惠加优待转变"作为我国军人优抚保障未来的工作目标之一，以及在《关于加强新形势下优抚安置工作的意见》（2016）中提出"完善公民普惠与抚恤优待共享制度"，但是我国现有的军人优抚保障制度定位还是帮扶解困，甚至优抚保障对象的界定仍然是困难群体，即"社会救助"性质，优抚对象对党和国家以及人民的贡献并没有得到充分的体现。"相比之下，现阶段的军人优抚制度仍停留在'解困'这一制度定位来发挥它的功能作用，不仅保障水平偏低，而且优抚对象的待遇与其贡献不相匹配，难以在新形势下发挥对国防和军队建设的支持作用。"①

---

① 江治强．优抚制度改革顶层设计的若干思考 [J]．行政管理改革，2017（1）：53．

因此，我国军人优抚保障制度的目标定位与现有的经济发展存在不相适应的状况。

2. 授权性条款偏多，具体规定不明确

从理论上来讲，军人优抚保障制度作为开展军人优抚保障工作的重要依据，应当对军人优抚保障工作的各个方面作出明确的规定。但是事实并非如此，如《军人抚恤优待条例》作为目前我国军人优抚保障工作的主要法律依据，其中有相当多的条款为授权性质（见表1-4），这种过于笼统的规定严重影响了法律的权威性与强制性，极易出现有些地方政府与相关部门对优抚对象的权力根据各地的情况来进行处理，带有很大的随意性，并导致优抚条件及待遇的地方差异，形成地方立法实效高于中央立法的不正常现象。①

表1-4　《军人抚恤优待条例》中的授权性条款一览表

法律条款	授权对象	授权内容/规定内容
第17条	国务院退役军人事务部门会同国务院财政部门	定期抚恤金的标准及其调整办法
第22条	国务院退役军人事务部门、人力资源社会保障部门、卫生部门会同军队有关部门	残疾等级的具体评定标准
第27条	国务院退役军人事务部门会同国务院财政部门	残疾抚恤金的标准以及一级至十级残疾军人享受残疾抚恤金的具体办法
第34条	国务院退役军人事务部门会同国务院人力资源社会保障部门、财政部门	国家对一级至六级残疾军人的医疗费用
第34条	省、自治区、直辖市人民政府	军人及遗属享受医疗优惠待遇
第36条	有关城市人民政府	公共出行优待
第37条	有关城市人民政府	参观游览优待
第39条	国务院退役军人事务部门会同国务院教育部门	军人子女的入学、入托优待

---

① 崔建新．完善军人优抚制度建设现代化军队［J］．当代教育论坛（综合研究），2011（10）：55.

法律条款	授权对象	授权内容/规定内容
第40条	省、自治区、直辖市人民政府	军人及军属承租、购买住房优待
第43条	当地人民政府	随军的烈士遗属、因公牺牲军人遗属和病故军人遗属的安置

资料来源：根据《军人抚恤优待条例》整理所得。

第二，军人优抚保障制度的具体规定过于原则化（见表1-5），导致优抚保障制度实施过程中实施主体可操作空间较大，进而导致优抚对象的相关权益难以得到落实。如《军人抚恤优待条例》关于优抚对象的概念及边界的规定不清晰，实践中各地可操作性较大，导致部分待遇在发放对象上仍不太统一，有的地方发放，有的地方则没有。

表1-5　军人优抚保障制度部分相关原则化规定

法律法规	法律条款	规定内容	实施困境/可操作内容
《军人抚恤优待条例》	第2条	优抚对象	优抚对象的具体界定
	第3条	优抚对象的优抚待遇	优抚待遇的来源、具体条件、标准、制度落实、法律责任等规定不明确
	第18条		
	第27条第2款		
	第33条第1款		
	第42条		
	第34条	国家应给予优抚对象较多的困难地区适当的补助	国家补助的标准、承担责任的多少，以及衡量"困难地区"的标准均不明确
《兵役法》	第47条	现役军人待遇应与国民经济发展相协调，与社会进步相适应	具体的参考标准不明确

资料来源：根据《军人抚恤优待条例》和《兵役法》部分规定整理所得。

3. 军人优抚保障与社会保障割裂

尽管军人优抚保障制度有其特殊性，但作为社会保障的组成部分，军人优抚保障必须与社会保障形成良好的对接机制，然而，当前我国军人优抚保障却呈现出与社会保障制度割裂的现象。

首先，有些政府部门出台社会保障相关法规政策时，将优抚对象边缘化或将优抚对象排除在外，如出台社会普惠政策时，将残疾军人排除在外。2014年"吴根金诉闽侯县人民政府不履行法定职责"一案中，福建省福州市中级人民法院在驳回原告吴根金关于医疗保险支付诉求时，其依据是：虽然吴根金符合《军人抚恤优待条例》第34条第1款关于六级伤残评定的要求，但是由于吴根金办理了城镇职工医疗保险，其医疗费用应该是由当地社会保险机构负责管理，而不属于闽侯县人民政府的职权范围。①

其次，军人优抚保障制度没有实现与社会保障制度改革同步完善。如国家住房制度的改革取消了福利分房，实行国家、单位、个人合理负担购房的制度，但是对于以抚恤补助金为主要经济来源的优抚对象，当前的优抚待遇水平下根本无法购买住房，导致相当一部分优抚对象在激烈的市场竞争中处于劣势地位。虽然《军人抚恤优待条例》第40条规定："残疾军人、复员军人、带病回乡退役军人、因公牺牲军人遗属、病故军人遗属承租、购买住房依照有关规定享受优先、优惠待遇。居住农村的抚恤优待对象住房有困难的，由地方人民政府帮助解决。具体办法由省、自治区、直辖市人民政府规定。"但是对地方政府欠缺强制监督机制。在吴根金一案中，原告吴根金关于请求被告为其支付每月500元的房屋租金的诉求被法院驳回，其理由是：《军人抚恤优待条例》仅规定了地方人民政府负有帮助解决的义务，而不是其必需的职责。

（二）军人优抚保障制度实施不完善

1. 管理体制的体系性有待加强

（1）管理体制的体系化优待。退役军人事务部成立后，我国退役

---

① 吴根金与闽侯县人民政府不履行法定职责一审行政判决书［EB/OL］．［2017-03-12］（2023-09-17）．http：//wenshu.court.gov.cn/content/content? DocID=c020cdcd-d31d-465a-bf80-96d7afc63114&KeyWord=军人优抚．

军人事务管理体制不断优化。一是建立、健全了党委退役军人事务工作领导机构、行政机构。全国县级以上退役军人事务行政机构全部组建到位，将退役军人工作纳入地方党政班子和领导干部考核内容，为退役军人保障制度在地方的落实提供了抓手；二是建立了退役军人服务体系。从国家到村（社区）建成六级退役军人服务中心（站）60多万个，转隶、接收、成立 4 000 多家事业单位和 700 余家社会组织；三是完善军队合署办公机制，加强军地协同，基本建成了党领导下行政机关、服务体系、社会力量同向发力的组织管理体系。

管理体制与体系化优待方面尚待完善，具体表现在：一是央地之间的协同有待强化。我国《军人抚恤优待条例》第 5 条规定："国务院退役军人事务部门主管全国的军人抚恤优待工作；县级以上地方人民政府退役军人事务部门主管本行政区域内的军人抚恤优待工作。国家机关、社会团体、企业事业单位应当依法履行各自的军人抚恤优待责任和义务。"但是在军人优抚保障工作的实际操作中，当地政府及相关部门在优抚保障工作上被授予较大的管理权力，致使各地的优抚保障工作执行差异较大，[①] 各地区优抚保障政策和实施办法并不一致。以义务兵家庭优待金待遇为例，由于缺乏基本标准，全国 26 个省市（不包括 5 个自治区和港澳台地区）共有 18 种实施标准（见表 1-6），造成地方差异大，优抚对象往往容易相互比较而出现心理失衡，影响部队稳定，有时甚至会引发诉讼。二是军人优抚保障工作各主管部门和单位之间的权责划分不明确，容易出现各主管部门、单位之间相互推诿现象的发生，进而导致优抚对象应该享受的优抚保障待遇得不到落实，基本权益得不到保障。在军人优抚保障实际工作中，涉及退役军人事务部、人力资源社会保障部门、卫生行政部门、财政部、交通运输部等，职能部门之间的关系协调缺乏明确的规则。三是军地之间的沟通机制不协调。地方政府部门在整理和核实军人资料时，有些部门经过几轮编制调整，联系不到原来单位，给资料保存查证等工作带来许多不便；军队向地方交接后，

---

① 余华志. 现阶段我国军人社会保障制度研究 [D]. 武汉：华中师范大学，2002.

如果当时负责人调离，部队并不完全了解军人及其家属的生活健康状况，也不了解他们的需要及困难；军队审批优抚对象与地方兑现待遇存在较大的"时间差"，军地不能及时"对接"，使得烈士和因公牺牲军人家属不能及时享受到应有待遇。例如，军队和地方目前都没有专门负责寻找牺牲、失踪参战人员的组织机构，这就给烈士褒扬工作带来了很大困难。

表 1-6　全国以及各省市关于义务兵家庭优待金待遇比较

地区	义务兵家庭优待金待遇标准	
	城镇	农村
全国	不得低于中央财政定额补助标准，不应高于本省（市、区）上年度城镇居民人均消费支出水平	
上海	与城镇居民人均可支配收入增长比例同步增长	按照城镇义务兵及其家属年优待金标准确定
河北	当地最低工资标准	当地上年度农村居民人均可支配收入
河南	居民人均可支配收入的50%	平均12 656.4元，不低于当地上年度农民人均纯收入
吉林	每月150元	高于上年度当地农村居民家庭人均收入，人均每年不低于4 000元
福建	不低于当地上年度城镇居民人均可支配收入的50%发放	不低于当地上年度农民人均纯收入的100%
海南	入伍前为职工，按本人基本工资；在校生、社会青年，每月20元	当地上一年的人均纯收入
黑龙江	每人每条不低于其入伍时上年度当地城镇非私营单位就业人员平均工资的50%	每人每年最低4 600元
江西	当地上年度城镇职工平均工资的30%	当地上年度农民人均纯收入的70%
北京、湖南、天津、甘肃、青海、重庆	每人每年分别为2.65万元、1.2万元、4.24万元、2.45万元、1.5万元、1.39万元	
云南	2020年，不低于10 871.40元/年	

地区	义务兵家庭优待金待遇标准	
	城镇	农村
贵州	不低于中央财政定额补助标准，不高于本省上年度城镇居民人均消费支出水平	
广州	不低于当地上年度城镇常住居民人均可支配收入40%的标准发放	
山东	2021年后，统一发放年度的上年度全省居民人均消费支出水平，2021年为22 821元/年	
四川	不低于当地农村住户年人均纯收入	
山西	不低于当地平均生活水平	
辽宁	按照义务兵服役当年当地城镇居民家庭人均生活支出和农村居民家庭人均生活消费支出的平均水平确定	
安徽	全日制大学生按照不低于当地人均消费支出的150%发放，其他学历标准为100%	
浙江	不低于当地上年度当地农民人均纯收入的70%	
湖北	2020年后，不分城镇/农村户口，其标准均按不低于入伍地县上年度城镇居民人均可支配收入的50%执行	
江苏	不低于当地上年度城镇居民人均可支配收入的30%	
陕西	本科以上，不含本科：3 500元/月；本科3 000元/月；大专、高职2 500元/月；高中生2 000元/月；初中生1 500元/月	

资料来源：根据相关资料整理所得，未包括5个自治区和港澳台地区。表中未区分城乡的省份表示城乡标准相同。

（2）人员配备不足，专业性欠缺。随着经济社会的不断发展，我国军人优抚保障的工作内容、优抚对象、优抚待遇等方面都发生了较大的变化，这大大增加了军人优抚保障工作的工作量。然而，我国军人优抚保障工作基层组织人员配备较少，一人承担大量军人优抚保障工作的现象大量存在，必然导致服务不到位、服务质量低下等现象。以2015年为例，全国平均一个军队离退休人员管理中心仅配备0.4个人，烈士纪念建筑物管理机构仅平均配备1.0个人（见表1-7）。同时，相关工作人员来源多样，缺乏专业技术人员，例如，2015年全国平均一个军队离退休人员管理中心仅配备0.4个社会工作师和0.3个助理社会工作师，烈士纪念建筑物管理机构仅平均配备 0.1 个社会工作师和 0.08 个助理社会工作师（见表 1-7），这反映出我国军人优抚保障工作的人员配备和素质还存在相当大的问题。

表 1-7　2015 年军人优抚保障相关机构职工状况

指 标	机构数（个）	职工数（人／个机构）	社会工作师（人／机构）	助理社会工作师（人／个机构）
军队离退休人员管理中心	271 293（2016）	0.4 0.5（2016）	0.4	0.3
烈士纪念建筑物管理机构	1 464	1.0	0.1	0.08

资料来源：《中国民政统计年鉴（2016）》。

2. 欠缺资金保障，优抚保障水平低

尽管近年来中央和地方各级政府以及财政逐渐加大对军人优抚保障事业的投入，但军人抚恤补助标准的增长速度仍然低于我国经济发展速度，重点优抚对象的实际生活水平与人民群众的平均生活水平仍存在一定差距。如表 1-8 所示，我国军人优抚补助标准仅相当于全国人均可支配收入的 1/3。2022 年支出为 14 504.5 亿元（约 2 296 亿美元），比 2021 年增长 7.1%，然而与其他国家相比，我国的国防支出以及占 GDP 的比重仍然较低。据英国《简氏防务周刊》2016 年底发布的世界各大国的国防支出排名，我国的国防支出费用仅相当于美国的 24.6%，平摊到个人，中国的人均国防费用水平只有美国的 1/18。中国的国防支出占中国 GDP 的比重只有 1.3% 左右，且多年来一直维持在这个水平，而世界主要大国国防支出的 GDP 占比一般为 2%～5%，美国基本在 4% 左右，俄罗斯保持在 4% 至 5% 之间。截至 2023 年，我国连续第 19 次提高退役军人和其他优抚对象的抚恤和生活补助标准，但在有限的国防支出中，用于军人优抚保障事业费所占比例相对较小（见表 1-8）。我国国防支出中军人抚恤事业费年增长率从 2015 年到 2022 年波动不定，主要原因在于：

表 1-8　军人优抚保障待遇水平

指标	年份							
	2015 年	2016 年	2017 年	2018 年	2019 年	2020 年	2021 年	2022 年
抚恤事业费（亿元）	686.8	769.8	906.25	965.7	1 106.4	—	—	1 344.8
国防支出（亿元）	8 868.98	9 543.54	10 432.37	11 280.46	12 122.1	12 918.77	13 787.23	14 751.98
抚恤事业费占国防支出比例（%）	7.74	8.07	8.69	8.56	9.13	—	—	9.12
抚恤事业费年增长率（%）	7.9	12.1	17.7	6.6	14.6	—	—	—
GDP 增长速度（%）	6.7	6.8	6.9	6.7	6	2.2	8.4	3
CPI 指数（%）	1.6	2	1.6	2.1	2.9	2.5	0.9	2
国家抚恤、补助优抚对象（万人）	897	874.8	858.5	—	861	844	817	827
抚恤补助标准（元/人）	7 656.63	—	—	—	—	—	—	—
全国人均可支配收入水平（元）	21 966	23 821	25 974	28 228	30 733	32 189	35 128	36 883

注：（1）数据根据《中国民政统计年鉴（2016）》《中国统计年鉴（2016）》以及相关资料整理所得。

（2）部分数据尚未查到。

（1）优抚保障资金投入不足。首先，我国的军人优抚保障制度此前主要是由民政部等相关部门根据国家法律法规实施的，国家财政投入是我国军人优抚保障资金的主要来源，而受我国经济发展水平的制约，国家财政投入不足，军人抚恤事业费用占国防支出比例较小，抚恤补助标准在近年虽有所提高，但标准依然较低且增长幅度明显低于经济和社会发展速度。[①] 其次，军人优抚保障基金是军人优抚保障待遇得以实现

——————————

① 何兴. 我军参战军人优抚研究 [D]. 长沙：国防科学技术大学，2009.

的前提和基础，然而我国军人优抚保障制度对优抚保障基金的筹集方式、缴纳标准、中央和地方政府各自所应承担的份额等相关规定尚不明确。《军人抚恤优待条例》仅明确了抚恤补助的标准，其他方面的优抚资金投入标准并未明确，财政拨款仅承担其中的一部分，还需要地方财政的支持。由于牵扯到地方的利益，且对如何保证优抚资金的投入没有法律明确规定，地方政府对优抚保障工作的资金投入欠缺保障，导致优抚保障工作较为滞后和被动。最后，社会组织等社会力量参与军人优抚保障工作的途径不多，导致军人优抚资金的社会来源不足。

（2）尽管我国军人优抚保障制度初步建立了抚恤补助标准自然增长机制，但因地区经济发展水平存在差异，导致其覆盖范围有限，并没有形成全国统一的自然增长机制，[①] 各省市自然增长参考标准不一致，同经济、社会发展速度相比，保障费用的增长速度明显落后于经济增长和社会发展，相关政策调整滞后于国家改革进程。例如，一些地方人事体制、住房体制、医疗制度不断改革，对于建立在计划经济体制上的退役军人安置、抚恤等军人优抚保障项目越来越具有挑战性。我国军人优抚保障的原则之一是军人的薪资应高于社会其他成员，[②] 但该原则常常难以落实。同时，受地区间经济发展水平差异的影响，不同地区的优抚保障水平差异较大，[③] 进而导致不同地区优抚保障对象之间的生活水平差距扩大，甚至部分优抚保障对象至今尚未摆脱贫困。

同时，我国军人优抚保障制度重物质优抚、轻精神抚慰。我国军人优抚保障仍然以物质优抚为主，精神抚慰和激励有待强化。2017 年两会上，全国人大代表、原第二炮兵装备部政委牛炳祥就提出，"建议国家应该加快研究制定'国家英烈名誉保护法'"。轻精神抚慰一方面导致军人及其家属心理认可度以及荣誉感降低甚至缺失，有的部队出现士

---

① 姜新生，杜晓娜.军人优抚制度存在的问题及解决思路 [J].军事经济研究，2010（6）：33.

② 赵琦.军人抚恤优待纠纷问题研究 [J].辽宁行政学院学报，2011（4）：5.

③ 杨巧赞.健全机构　制定规划　加快优抚立法进程：访《军人抚恤优待法》起草领导小组副组长周士禹 [J].民政论坛，1997（1）：49.

兵不愿转士官、士官不愿晋升、军官想方设法转业等情况；另一方面，导致社会青年当兵从军意愿降低甚至产生抵触，近年来甚至出现征兵难的现象。与此同时，长期和平环境下，全社会优待抚恤意识淡化，拥军意识薄弱，军人的社会地位降低。《烈士褒扬条例》第6条规定："各级人民政府应当把宣传烈士事迹作为社会主义精神文明建设的重要内容，培养公民的爱国主义、集体主义精神和社会主义道德风尚，机关、团体、企业事业单位应当采取多种形式纪念烈士，学习、宣传烈士事迹。"基于此，2018年4月27日，十三届全国人大常委会第二次会议全票通过了《中华人民共和国英雄烈士保护法》，并于2018年5月1日起施行。近年来，网上出现的个别污蔑英雄名誉权的违法犯罪行为已被依法追究法律责任。

3. 配套措施不健全

（1）缺乏必要的监督机制和处罚机制。首先，监督机制不完善。从内部来讲，一是军人优抚保障缺乏相互制约、相互协调的制度，包括人员分工、职责权限、保险给付、等级评定等具体业务分工负责制；二是在总部、军区大单位缺少专门的保障监督机制。从外部来讲，一方面，军队审计部门的专门监督有待加强；另一方面，缺少军人代表组成的群众性的监督组织进行定期或不定期的监督。虽然我国《军人优待抚恤条例》第4条明确规定："中央和地方财政安排的军人抚恤优待经费，专款专用，并接受财政、审计部门的监督。"但是该条仅规定了优抚保障经费的监督部门，并没有具体的操作以及其他（如保险制度）监督机制。

其次，惩罚力度小。军人优抚保障工作无从监督、无法监督的局面，导致军人优抚保障制度在执行过程中经常被人为地大打折扣，降低标准，有的地方政府以及相关部门拒不执行军人优抚保障相关规定，甚至私自克扣军人优抚保障待遇却没有受到任何处罚和处分。我国《军人抚恤优待条例》第5章虽对军人抚恤优待管理、负责发放抚恤补助金的单位及其工作人员、负有优待义务的单位以及抚恤优待对象违反条例规定的行为所应承担的法律责任作了明确规定，但是由于县级以上地方人民政府民政部门主管本行政区域内的军人抚恤优待工作，而责任的追究主要依靠各级地方政府，导致有关军人优抚保障的法律责任难以落实。

（2）军人优抚保障社会化程度不高，相关社会组织发展不完善、参与不充分。随着我国社会主义市场经济的不断发展，在"国家、社会、群众"三结合的优抚保障体制中，群众和社会的承担功能已经弱化，"国家、社会、群体"三者的责任划分不够明确，社会化程度不高。当前，我国军人优抚保障工作主要还是以政府主导为主，[①] 还没有正式的政府扶植或者军人成立的民间组织。社会组织普遍认为优抚对象的优抚保障工作完全是政府的事情，通常不会涉入这一领域。同时，社会力量参与军人优抚保障工作无明确的政策支撑，社会力量参与军人优抚保障工作的途径不顺畅、力量薄弱也是社会化发展程度不高的重要原因。作为社会化实质性标志的社会中介组织、民间机构、"两新组织"[②] 尚未真正参与到军人优抚保障工作中来。

（3）信息化建设亟待加强，优抚对象信息管理混乱，导致优抚对象权益受损现象时常发生。当前，我国军人优抚保障工作尚未建立起完善的军人信息管理系统，军人优抚保障对象权益受损时，很难找到合理的证据为自己辩护。笔者在中国裁判文书网以"军人优抚"为关键字搜索时，其中关于优抚对象申请伤残等级评定的诉求大部分都遭到驳回，而被驳回的理由大多都是因为优抚对象不能提供相应的证明材料。例如，倪德友申请补办评定残疾等级因没有提供足够的相关证明而败诉。王怀超因没有提供相关证明材料而错过残疾评定时间最后败诉，李福善申请带病回乡退役待遇却因带病回乡相关证明材料遗失而败诉……这些案例均反映了信息化手段的缺乏导致优抚对象在很多情况下处于被

---

① 杜立婕，陈艳芬. 伤残军人对于优抚政策满意度的调查分析：以上海市荣誉军人疗养院为例 [J]. 社会福利（理论版），2012（12）：58.

② 两新组织，即新经济组织和新社会组织的简称。

动地位。与此同时，各省市民政部门及相关政府网站应补充完善军人优抚保障的内容。笔者通过各省市民政部门网站收集义务兵家庭优待待遇时，几乎找不到相关内容，大部分省市民政部门网站页面没有关于军人优抚的专门板块。

（4）运行程序不明确，申诉渠道不畅通。"救济先于权利"，然而，《军人优待抚恤条例》以及各地区具体的实施办法均缺乏对于军人及其家属优抚权利救济的明确规定，导致军人及其家属的利益受到侵害后，常常面临申诉无门的困境。

第四节　军人优抚保障制度的改革

一　明确制度设计原则

（一）优抚保障水平与经济发展水平相结合原则

军人优抚保障的目的是保障优抚对象的基本生活，其内容必须符合社会经济发展状况。当前，我国的国防支出虽呈逐年上升趋势，但是国防支出中，用于军人优抚保障工作的资金仍显不足。国防支出中的大部分投入了军队的科研事业和武器装备当中。尽管现代的战争是信息化战争，但是后勤保障依然很重要，对于提高广大官兵的工作积极性有着重要作用。[①] 在坚持优抚保障水平与经济发展水平相适应的前提下，应建立多层次的优待抚恤标准自然增长机制，主要步骤可以分为：首先要确定好必要的参照系数，如国民经济发展增长速度、物价指数变化、社会平均工资、最低工资水平等；其次要加强可操作性，根据优抚对象的人数确定抚恤补助经费在财政开支中的比例，并以公式化的形式固定下来，以此作为经费预算依据，适时地对抚恤补助待遇进行调整。

---

① 姜新生，杜晓娜. 军人优抚制度存在的问题及解决思路 [J]. 军事经济研究，2010（6）.

（二）国家抚恤与社会优待相结合的原则

军人优抚保障工作需要各方主体参与。国家财政能力有限，为了更好地保障军人优抚保障对象的生活水平，社会组织应积极参与，逐步形成社会参与优抚保障的机制，为军人优抚保障贡献力量，确保优抚保障对象的生活水平不低于当地人均生活水平，与当地经济发展同步。《军人抚恤优待条例》第 3 条规定："军人的抚恤优待实行国家和社会相结合的方针。"可见，对军人抚恤和优待首先是国家和军队的责任，但社会也有应尽的义务。国家和军队通过抚恤优待等方式体现对有特殊贡献的军人的保障责任，并在此基础上引导和调动社会力量，动员全社会共同做好优抚保障工作。[①] 构建我国军人优抚保障制度，必须坚持国家抚恤与社会优待相结合的原则。

（三）物质优抚与精神抚慰相结合的原则

为了更好地褒扬军人及其家属对国防事业的贡献，应该在强化物质保障的基础上，重新强化传统的精神抚慰措施，坚持物质优抚和精神抚慰相结合的原则。

（四）坚持优抚保障公平性的原则

首先，相对于其他劳动者，军人是一项特殊职业，为国家作出了重复贡献，在军人优抚保障制度的设计和实施中，要本着对军人待遇从优的原则，其保障水平要根据其贡献确定，对于有特殊贡献的军人，其保障水平要高于其他社会成员。因此，在制定军人优抚保障制度时，应当把优抚保障对象当作一个特殊群体来对待，而不是把他们视同社会困难群体。

其次，公平性还体现在军人与军人之间。军人优抚保障水平应根据职级而不是由地方来定，即同一职级但来自不同地方的军人，其优

---

① 王岩. 我国军人社会保障制度存在的问题及建设对策［D］. 沈阳：沈阳师范大学，2014.

抚保障水平差距不能太大，否则容易导致纠纷的发生。

二　完善军人优抚保障制度的对策建议

（一）完善军人优抚保障制度设计

1. 实现军人优抚保障制度定位从解困帮扶到普惠加优待的转型

这主要体现在优抚制度的覆盖范围和待遇水平两个方面。具体来说：一是要真正扩大优抚制度的覆盖范围。解困帮扶一般与困难群体相对应，而优抚对象作为国家的有功之臣，每个人的贡献都值得被肯定，应真正实现优抚对象的全覆盖，即"普惠"。二是提高优抚对象的待遇水平。解困帮扶的目的是解决优抚对象的生存问题，而优抚制度的目的是褒扬，因此，优抚待遇水平应基于全国平均工资水平，根据贡献大小给予相应比例的奖励。

2. 提升军人优抚保障制度的规范性与具体规定的可操作性

目前，军人优抚保障制度中授权性条款较多，不仅增加了优抚保障工作开展的难度与成本，而且会弱化制度的效力与可操作性，还可能带来矛盾与问题。为此，首先要增强具体立法的明确性和严密性。针对法律规定过于原则化的问题，在立法时，既要注重法律语言的简洁性，又要注重法律规范的明确性，对于需要具体和明确的问题，应当具体规范，避免过于原则，难以操作。同时，应注意法律语言、逻辑的严密性，对于有争议或不好界定的问题，应通过规章制度、司法解释弥补法律漏洞，防止规避法律法规现象的发生，使优抚对象的基本权益保障落到实处。其次要统一军人优抚保障与其他社会保障的标准（如残疾军人能否同时享受军人优抚保障待遇和工伤保险待遇），对军人优抚保障对象待遇予以具体化，进一步明确界定优抚保障内容、责任主体、经费来源和组织实施程序。最后要明确界定军人优抚保障对象的概念及边界，以免引起不必要的纠纷，并统一各地优抚待遇标准的计算原则，避免引发优抚对象的不公平感。

3. 实现军人优抚保障与社会保障的衔接

军人优抚保障是社会保障的重要组成部分，应该置于整个社会保障的体系中去进行制度构建，包括与现役军人保险、社会救助、社会保险等方面做好程序衔接，以更好地发挥社会保障的风险预防和危难救助功能，保障优抚对象的权益。

（二）推动军人优抚保障工作管理体制改革

1. 优化退役军人事务的协同治理机制

统一的退役军人事务部门的组建强化了退役军人行政管理的权力，但退役军人事务管理涉及面广、参与人多，不可能所有工作都由退役军人事务部门来承担。党的二十大报告提出，"健全共建共治共享的社会治理制度，提升社会治理效能"，退役军人事务管理和服务方式也需要更加创新、更加开放。退役军人事务管理必须坚持国家的主导地位，以退役军人事务部门为主导，做好退役军人事务管理和服务的统筹、协调以及重大事项的落实工作。要充分发挥社会主体的作用，引导社会力量参与到退役军人事务管理和服务工作中，可通过政府购买服务、企业慈善等方式，积极发挥广大社会主体的作用，与退役军人行政管理体制形成优势互补。例如，对于退役军人的职业培训和职业介绍，可以引入社会中介机构，通过政策引导和扶持，激励退役军人以及相关社会团体的主动性和积极性；通过能力提升、心理引导、政策扶持，帮助退役军人积极、主动迎接改变，鼓励并支持他们就业创业，积极参与社会事务。

（1）在完善政府主导、部门协作、地方分担工作机制的基础上，明确界定各级政府的职责。在优抚待遇方面，中央层面负责"普惠"，地方层面负责"优待"，针对经济困难或是兵员大省，中央应给予一定的财政支持。在优抚制度执行方面，中央政府可制定统一、严格的实施准则，地方政府应按照实施细则严格执行，即做好中央财政"财权"和地方政府"事权"的划分及协调。

（2）各级政府应协调合作，保证军人优抚保障制度的落实。军人优抚保障工作应牢固树立政府主导、社会参与的意识，各级政府应按政策要求为军人优抚事业提供足额的财政资金，确保军人优抚工作有序运行。例如，财政部门要保证军人优抚保障对象抚恤金及时、足额发放到位；教育部门要保障军人优抚保障对象子女的受教育权利；卫生部门要加大医疗保障力度，有效缓解军人优抚保障对象看病难等问题。各部门之间通力协作，共同有效保障军人优抚保障对象的基本权益。

2. 提升基层组织工作人员素质

（1）建立军人优抚保障工作人员的基本素质模型，明确工作人员所需要的素质。例如，因军人优抚保障工作政策性强、涉及面宽、工作难度大，从事优抚工作的人员要有强烈的责任心，要牢固树立情系优抚对象、心系优抚工作的思想。优抚工作人员可以深入基层开展优抚保障工作，通过发放生活救助物品、宣传文明卫生知识、跟踪了解被安置人员就业情况和搭建优抚安置工作的信息服务平台等多种形式，提高工作人员的服务水平，提升被优抚安置人员的生活质量。

（2）建立职业资格认证制度，严格准入制度，只有具有相关专业知识和职业素养的人员才能进入。

（3）制定全面的培训制度，加强对相关工作人员的系统培训，从专业素质、工作能力和职业道德等多方面提升基层组织工作人员的水平。要注意的是，提升人员素质的同时，也应注意增加军人优抚保障工作人员的数量，使军人优抚保障工作人员的数量能够满足现实的需求。

（三）完善军人优抚待遇保障机制

1. 待遇水平

在待遇水平方面，建立统一基础上的分类管理、层级化的发放机制和全国统一的军人优抚待遇标准自然增长机制参照标准。[①] 具体而言：

（1）统一，即消除城乡差别，实行城乡一体化的优抚待遇发放机制。

---

① 吴明．德国、意大利的军人优抚保障［J］．中国社会工作，1998（5）：54.

（2）分类管理，即对战争年代军人和现代军人实行分类管理。战争年代军人现已步入晚年，没有生活来源，且大多患有不同程度的疾病，因此应加大对他们的优抚力度。在以全国人均生活水平为标准的基础上，给予他们定期的身体检查和一定的医药费用。

（3）层级化，对于现代军人，其基本待遇水平的发放标准不应完全以地域为标准，而应综合考虑优抚对象所处级别、贡献等。

（4）建立全国统一的军人优抚待遇标准自然增长机制参照标准。以上一年度全国人均工资水平为基础，以 GDP 增长速度和 CPI 增幅为标准，实现优抚待遇水平与经济和社会发展水平相适应，切实保障优抚对象的基本生活权益。

2. 资金来源

在资金来源方面，坚持以中央财政为主、地方财政为辅的抚恤补助责任原则。战争年代军人、"三属"（烈士遗属、因公牺牲军人遗属、病故军人遗属）的抚恤补助金由中央财政负担，地方根据本地实际，制定高于基本标准的地区性标准，所增加的资金由当地财政负担。其他优抚对象的优待金应由地方财政负担，同时中央财政应对革命老区、兵员大省以及经济困难地区给予倾斜性保护。

3. 优抚待遇

在优抚待遇项目上，建立全方位、人性化的保障体系。具体而言：

（1）加强对优抚对象医疗、住房等保障体系的建设，满足优抚对象的不同需求。医疗方面，完善医疗减免制度，努力解决优抚对象看病难的问题，确保战争年代军人公费医疗权益；对其他优抚对象采取财政扶持、社会统筹和个人缴纳相结合的方式，切实解决看病难的问题。住房方面，以所处层级及受伤程度为标准，为优抚对象提供相应的购房优惠或贷款优惠政策。

（2）坚持物质优待与精神抚慰相结合，可定期（如节假日）发慰问信、建立老兵之家、设立拥军优属基金、邀请老兵出席参加重大社会政治活动等，增强优抚对象的荣誉感，提升他们的社会地位。此外，我国也可以参照国外的有益经验，建立符合中国国情的项目。例如，澳大利亚政府为特别褒扬参战军人，学校举行休战日活动时，常邀请参战退役军人参加，让社会和青少年共同分享参战军人的回忆和经历；设立"参战勇士褒扬"计划，用来褒扬澳大利亚参战军人为国家作出的贡献。

（四）完善配套措施

第一，建立统一的监管部门，加大监管力度。在立法中，具体表现为建立军人优抚保障的外部社会监督和内部层级监督机制，通过监督制约机制，以国家强制力来保证军人优抚保障制度的实施。

第二，积极探索社会组织参与优抚保障机制，加深军人优抚保障工作的社会化程度。广泛的社会参与是军人优抚保障工作开展的原动力。[①] 社会组织参与军人优抚保障工作，是多元化社会经济发展的客观要求，是政府转变职能、嫁接新的服务保障体系、发挥社会组织作用的运用和实践，也是军人优抚保障工作实现社会化的有效途径。我国的军人优抚保障工作目前还是以政府为主导，社会参与远远不够。为此，我国军人优抚保障工作应加快实现从政府领导、民政主导、部门协助到社会共同参与的社会优抚保障机制的转变，充分利用各种社会资源和发展成果，积极培育和推进社会组织参与军人优抚保障工作，不断拓宽社会化途径，积极营造社会组织参与军人优抚保障工作的氛围。动员社会各方力量开展各种形式的军人优抚保障工作和活动，让军人优抚保障事业进入社区，融入社会，为军人优抚保障对象提供服务，帮助他们解决实际困难。[②] 对此，我国可借鉴国内外的有益经验。国际上，法国退役军人保障方面的社会组织非常强大，退役军人的待遇落实都是依靠社会力量。英国也有许多退役军人社会组织，如英国皇家退役军人协会，很多

---

① 刘爱民. 建国以来军人优抚制度回顾 [J]. 前沿，2012（4）.

② 崔恒展，陈岱云. 新公共管理理论视野下的优抚安置对象自我服务管理机制研究 [J]. 济南大学学报（社会科学版），2015（5）：51.

协会在会员遇到困难时将提供财政援助,帮助其寻找新的就业机会;有的协会还给退役军人提供职业培训。在国内,浙江在全国率先探索引导社会力量参与优抚服务,如宣传解释优抚政策、为优抚对象提供法律服务以及为优抚对象提供精神抚慰和社工专业指导等。① 这些社会组织起到了很好的补位作用,成为政府主体之外的有力补充。

第三,加快军人优抚保障信息化建设,切实提高军人优抚保障工作的信息化水平。数字化、智能化是新时代的重要特征,信息技术已经广泛应用于政务服务等社会生活的各个方面。退役军人事务管理也应顺应数字时代的趋势,建立和完善全国统一的数字化管理服务平台,实现军人军属信息登记的数字化。通过平台登记以及与其他数据的互联,更加全面、准确、动态地掌握退役军人军属的总体状况,从而更加精准、及时地提供相应的保障服务。退役军人军属保障服务流程的数字化建设也要提上日程,可通过移动 App 以及网站等形式,建立一站式的军人军属保障服务经办平台,完善系统、部门、军地合力协作机制,缩短经办时间,提高办事效率,尤其是要让部分行动不便的军人军属能够足不出户地获得相关服务。以信息化作为技术支撑,搭建不同部门之间的信息共享、经办衔接机制,减轻经办负担,提高办事效率。数字化平台是实现管理服务公开、高效的必选之策,通过将提供相关服务的社会组织及市场主体的资源整合进该平台,建立起政府、社会、市场的有机联系,进而实现优势互补、高效协同,让军人军属能够在线获得相关的服务。

第四,建立军人优抚保障司法救济机制,明确军人优抚保障对象的合法权益受到侵犯时,有提出申诉的权利以及行使这一权利的程序,并列明优抚保障义务主体不履行职责的法律责任。例如,义务主体的责任除了行政处理外,还应包括刑事责任和民事赔偿责任;将挪用、私分军人抚恤优待经费的行为,包括因不履行职责或违法履行职责造成严重后果的行为纳入刑法的渎职罪中,追究责任人的刑事责任;对于因不履行职责或违法履行职责对军人造成其他损害的,也应追究责任人的民事损

---

① 浙江在全国率先探索引导社会力量参与优抚服务 [J]. 党政视野,2015(12):31.

害赔偿责任；应明确被挪用、私分的军人抚恤优待经费，在有关部门追回之前，如果情况紧急，相关部门应先行给付。

司法是保障社会正义的最后一道防线，寻求司法的最终解决，是对优抚对象基本权益的有力保障。以加拿大为例，退役军人申领抚恤金有严格的程序，申请书填写事项包括姓名、地址、电话、军队编号、医学诊断结果、医疗报告、陈述伤残经过及其同军队服役的关联性等。本书建议将地方政府不履行军人优抚保障义务纳入行政主体不作为，列入行政诉讼受案范围。当军人认为自己受到不公正待遇时，可以请求司法机关予以裁决。这样既体现了法治精神，又可减轻政府受理投诉、申诉的负担，有利于将充分保障军人优抚权益落到实处。

第 二 章

美国军人优抚保障制度

　　作为世界军事强国，美国政府建立了一整套先进的退役军人后勤保障制度，军人优抚制度作为其后勤制度保障之一，保障体系健全，保障水平较高，以维护、保持美军的战斗力以及美国军人的基本生活生活水平。

第一节　美国军人优抚保障制度概述

一　美国军队简介

（一）美军编制

　　美利坚合众国军（United States Armed Forces），简称美军，即美国的联邦武装部队。美军分为五大军种，即陆军、海军、空军、海军陆战队和海岸警卫队，其最高统帅是美利坚合众国总统。美军建立于 1775 年 6 月 14 日，总司令部目前位于美国弗吉尼亚州阿灵顿县国防部五角大楼。美军目前服役人数 1 361 755 人，居世界第二[①]，预备役人数 850 880 人。[②] 美国在世界多个国家和地区部署有海外驻军，总计超过 23 万人，是世界上军费开支最高的国家。根据美国参议院 2018 年 6 月 18 日通过的军费预算案，2019 年美军将拥有 7 160 亿美元的军费，约

---

　　① 参见 https：//www. dmdc. osd. mil/appj/dwp/rest/download？fileName＝ms0_1412. pdf&groupName＝milTop.
　　② 参见 H. R. 4310（112th）：National Defense Authorization Act for Fiscal Year 2013.

占全世界军费的 47%，创历史新高。[①] 美军曾参加过的战争包括美国独立战争、美国南北战争、第一次世界大战、第二次世界大战、越南战争、波斯湾战争、阿富汗战争、伊拉克战争等。

1. 美国陆军

美国陆军兵力 54.92 万人，[②] 编有 3 个集团军司令部、4 个军部、10 个作战师（2 个装甲师、4 个机械化师、2 个轻步兵师、1 个空中突击师、1 个空降师）、5 个航空旅、3 个装甲骑兵团、6 个炮兵旅、7 个史崔克旅、9 个"爱国者"和 2 个"复仇者"防空导弹营、3 个独立步兵营和 1 个空降特种部队。美国陆军最低服役年龄为 18 岁，征得父母同意后可以降至 17 岁。美国陆军的最高服役年龄为 35 岁。

2. 美国海军

美国海军兵力为 33.16 万人（不包括海军陆战队），编有 6 个舰队，即第 2 舰队（大西洋）、第 3 舰队（东、南、北太平洋）、第 4 舰队（中南美洲海域）、第 5 舰队（印度洋、波斯湾、红海）、第 6 舰队（地中海、黑海）、第 7 舰队（西太平洋、印度洋）。美国海军最低服役年龄为 18 岁，征得父母同意后可以降至 17 岁。美国海军的最高服役年龄为 34 岁。

3. 美国空军

美国空军兵力为 33.34 万人，编有空中作战司令部和空中机动司令部。空中作战司令部辖 4 个航空队（其中 1 个为洲际弹道导弹航空队）、23 个飞行联队；空中机动司令部辖 2 个航空队、13 个飞行联队。美国空军最低自愿服役年龄为 18 岁，征得父母同意后可以降至 17 岁。美国空军的最高服役年龄为 27 岁。

4. 美国海军陆战队

美国海军陆战队兵力为 20.36 万人，编有 3 个海军陆战师、3 个勤

---

① 参见 https：//en. wikipedia. org/wiki/United_States_Armed_Forces.

② 参见 ARMED FORCES STRENGTH FIGURES FOR SEPTEMBER 30, 2011, United States Office of the Under Secretary of Defense for Acquisition, Technology, and Logistics.

务支援大队、1个安全保密部队营、1个营级的驻外使馆警卫队。美国海军陆战队最低自愿服役年龄为18岁，征得父母同意后可以降至17岁。美国海军陆战队的最高服役年龄为28岁。

5. 美国海岸警卫队

美国海岸警卫队共有3.51万人，其中文职0.6万人。根据美国法律，美国海岸警卫队是武装力量的一个组成部分，平时由国土安全部管辖。美国海岸警卫队最低自愿服役年龄为18岁，征得父母同意后可以降至17岁。美国海岸警卫队的最高服役年龄为31岁。

（二）组织架构

美国国防部是美国军队的指挥机关，军队的总司令是美国总统。作为协调军事行动与外交活动的部门，美国政府设有国家安全会议为总统提供咨询，总统之下设国防部长，由美军参谋长联席会议主席为美国总统和美国国防部长提供咨询。1986年，《戈德华特-尼科尔斯国防部重构法案》通过之后，美军的作战指挥体系是总统和国防部长通过美军各联合作战司令部直接指挥一线的各军种部队。

美军内部有森严的等级制度，按军衔依次划分。目前，美军征兵不分种族、教育程度或社会地位，军官来源有军队院校、预备役军官学校和士兵中提升等。

二 美国军人优抚保障制度概述

（一）立法历史

美国军人优抚具有悠久的历史，最早可以追溯至英国殖民者军队与印第安人的"普利茅斯战争"，英国殖民者会一直供养战争致残的军人。对于独立战争中受伤和残疾的军人，美国当时的大陆会议为其提供军用和民用医院进行治疗。到南北战争时期，各州开始建立军人优抚制度，以保证军队的战斗力。美国第一个联邦军人优抚项目建立于1921

年8月9日，联邦政府开始为第一次世界大战服役或退役的美国军人提供各项福利措施（如生活补助等），最主要的是疾病治疗。联邦政府建立了大量的军队医院，并与普通医院开展合作，为受伤士兵提供治疗。

（二）管理机构

美国军人优抚事务主要由美国国防部（United States Department of Defense，DoD）和美国退役军人事务部（United States Department of Veteran Affairs，VA）负责。美国国防部负责在役军人的待遇发放及其他福利，美国退役军人事务部则负责退役军人的优抚事宜。

1. 美国国防部及其机构

在役军人的优抚主要由美国国防部下设的人事与战备部门（The Under Secretary for Personnel and Readiness）负责。人事与战备部门由部队管理政策部、卫生事务部、后备事务部、战备事务部、项目集成部和规划部组成。卫生事务部负责保障在役军人的身体健康，战备事务部负责保障在役军人的薪酬发放、在职教育、休息休假等日常优抚事务。[①]

2. 美国退役军人事务部

美国退役军人事务部是为处理美国退役军人及其家庭的生活保障而成立的内阁部门，其前身是1930年成立的退役军人管理局。美国退役军人事务部具体为服务对象提供伤残赔偿金、养老金、教育、住房贷款、人寿保险、职业康复、遗属福利、医疗福利和安葬等权益与服务。

美国退役军人事务部下设22个办公室和3个管理局，负责制订退役军人优抚计划、协调各职能部门共同协作、协调联邦与州之间的合作关系、负责具体事务的执行和监督等。同时，为了更好地发挥职能，美国退役军人事务部还和其他政府机构、民间组织等建立了广泛的合作项目。[②]

---

① 参见 https：//prhome. defense. gov/.
② 参见 https：//www. va. gov/landing2_about. htm.

3. 劳工部

劳工部（Department of Labor）下设退役军人雇佣和培训中心，主要关注退役军人就业方面的事务。比如，无家可归退役军人重新融入项目（Homeless Veterans' Reintegration Program）①，为无家可归的退役军人重新融入社会提供帮助，包括提供工作培训、求职咨询和安排就业服务等。

第二节　美国在役军人优抚制度

一　薪酬待遇

为实现其国家利益，美国动用庞大的国防财力，以优厚的薪酬待遇推动军事职业化发展。2015 年的数据显示，当年美国军费为 5 813 亿美元，其中，人员生活费支出为 1 352 亿美元，占军费支出的 24.43%。②军官享有优渥的生活待遇，对提升美国军人的政治、经济地位发挥了重要作用。③ 美国在役军人的薪酬待遇主要由基本工资（basic pay）、特别补贴（special pay）、津贴（allowance）、奖金（bonus）等组成。

（一）基本工资

美国在役军人的基本薪酬是在役军人通过服役而获得的基本收入。军人的基本收入主要由服役时间和军衔决定。以美国陆军为例，美国陆军的军衔由低到高分为士兵、准尉和军官，根据军衔的不同，其基本工资的计算会参照不同的标准。

1. 美军士兵的基本工资

美军普通士兵共有 9 级军衔，最低的是新兵（英文缩写 PV1-1），

---

① Title 38 U. S. C. Section 2021.

② 参见 Office of the Under Secretary of Defense, National Defense Budget Estimates For FY 2015, APRIL 2014.

③ 陈炳福. 美国军官薪酬制度研究［J］. 中国军事科学，2016（2）.

国防部级别为 E-1。新兵在晋升至三等兵（E-3）之前，每月的基本收入都是固定的。根据美国国会 2018 年通过的工资支付方案，新入伍的士兵在服役满 4 个月之前，每个月的基本工资为 1 514.7 美元，服役 4 个月后，每个月的基本工资上涨至 1 638.8 美元。二等兵每月的基本工资为 1 836.3 美元。升至三等兵后，每个月的基本工资根据服役年限的不同而有所不同。服役少于 2 年的三等兵，每个月的基本工资是 1 931.1 美元，满 2 年后，每个月的基本工资为 2 052.3 美元，满 3 年后则上涨至 2 176.8 美元。服役少于 2 年的四等兵每月的基本工资为 2 139 美元，满 2 年后上涨至 2 370.3 美元，满 3 年后上涨至 2 490.6 美元，满 4 年后上涨至 2 596.5 美元。美军普通士兵的最高军衔是总军士长（英文缩写为 SMA），国防部级别和收入等级都是 E-9。服役满 10 年的总军士长每月的基本工资是 5 173.8 美元，服役满 12 年后每月基本工资上涨至 5 200 美元，最高基本工资可至每月 8 033.1 美元（服役满 40 年）。

2. 美军准尉的基本工资

美军准尉的收入等级共分 5 级（W-1～W-5）。级别最低的准尉是一级准尉（英文缩写为 WO1），收入等级为 W-1。服役不满 2 年的美军一级准尉每月基本工资为 3 037.5 美元，服役满 2 年后每月基本工资上涨至 3 364.5 美元，美军一级准尉每月基本工资最高可至 5 248.8 美元（服役满 40 年）。服役不满 2 年的美军二级准尉每月基本工资为 3 846.5 美元，服役满 2 年后每月基本工资上涨至 3 787.8 美元，美军二级准尉每月基本工资最高可至 5 575.9 美元。服役不满 2 年美军三级准尉每月基本工资为 3 910.8 美元，服役满 2 年后每月基本工资上涨至 4 073.7 美元，美军三级准尉每月基本工资最高可至 6 860.1 美元。服役不满 2 年美军四级准尉每月基本工资为 4 282.5 美元，服役满 2 年后每月基本工资上涨至 4 606.5 美元，美军四级准尉每月基本工资最高可至 7 976.7 美元。美军五级准尉（服役至少满 20 年）每月基本工资为 7 614.6 美元，服役满 2 年后每月基本工资上涨至 8 000.7 美元，美军五级准尉每月基本工资最高可至 9 964.2 美元（服役满 40 年）。

3. 美军军官的基本工资

根据军衔不同，美军军官的收入等级共分 10 级（O-1~O-10）。收入等级最低的美军军官是少尉（英文缩写为 2LT），收入等级为 O-1。服役不满 2 年的美军少尉每月基本工资为 3 107.7 美元，服役满 2 年后上涨至 3 234.9 美元，满 3 年后上涨至 3 910.2 美元，随后基本工资不再随服役年限增长而增长。服役不满 2 年的美军中尉（英文缩写为 1LT），收入等级为 O-2，每月基本工资为 3 580.5 美元，服役满 2 年后上涨至 4 077.9 美元，满 3 年后上涨至 4 696.2 美元，满 4 年后上涨至 4 854.9 美元，满 6 年后上涨至 4 955.1 美元，随后其基本工资不再随服役年限的增加而增长。收入等级最高的美军军官是五星上将（英文缩写为 GA），收入等级为 O-10，成为五星上将至少需要在军队服役满 20 年。美军五星上将每月的基本工资为 15 800.1 美元，其收入不会再随服役年限的增加而增长。①

（二）特别补贴

特别补贴是在基本工资的基础上，为激励官兵完成特别任务、从事特种训练、激励入伍或为了其他特殊目的而额外支付的报酬。美军特别补贴的主要项目包括执行海外任务补贴、执行困难任务补贴、执行飞行任务补贴和执行海上任务补贴等。

1. 海外延期补贴

海外延期补贴（overseas extension pay）是为了鼓励官兵长期参与海外军事行动，为了完成某项海外军事任务并选择继续留在海外参加军事任务的官兵提供特别补贴。② 获得该项特别补贴需要满足以下条件：第一，参加海外军事行动的官兵有获得基本工资的资格；第二，参加了某项具体任务；第三，在某一海外的具体地点完成了军事任务；第四，在

---

① 关于 2018 年美军基本工资统计表，具体可参见 https：//www. military. com/sites/default/files/2018-02/pp2a_2018. pdf.

② 参见 https：//www. military. com/benefits/military－pay/special－pay/overseas－extension－pay. html.

上一次任务即将完成之际，同意继续留在海外一年执行任务。满足了这些条件后，美国军事部门可以结合自身情况，决定是否给付海外延期补贴。

选择留在海外继续执行军事任务的官兵可以选择三种补贴形式：每月额外获得80美元的补贴；每年一次性领取2 000美元，或每月分期领取补贴，共计2 000美元；特别休假（special rest & recuperation），如获得额外30天的假期。

2. 执行困难任务补贴

执行困难任务补贴（hardship duty pay）是美军为到生活水平严重低于美国本土的地区执行任务或执行特别困难任务的官兵提供的额外补贴。美军执行困难任务补贴共分三种：艰苦地区补贴、艰难任务补贴和被迫滞留补贴。

（1）艰苦地区补贴（hardship duty pay-location，HDP-L），是为到生活水平严重低于美国本土的地区执行任务的官兵提供的补贴。根据执行任务地区生活水平的不同，该补贴分为每月50美元、100美元和150美元三档。

（2）艰难任务补贴（hardship duty pay-mission，HDP-M），是为执行困难军事任务的官兵提供的特别补助，该补助在军事任务进行期间按月发放。特别困难任务一般是指执行营救战俘、寻找失踪人员及其他特殊任务。

（3）被迫滞留补贴（hardship duty pay-involuntary extension），是美军因执行困难任务，并且因客观原因导致任务未能及时完成而滞留在任务地的官兵提供的补贴。该补贴的数额是每月200美元。目前，美军只为因伊拉克战争滞留在当地和为执行特殊任务而被派往伊拉克的美军提供该项补助。

根据具体情况，个别官兵可能同时符合上述几种特别补贴的申领情况，但每月累计补贴金额不得超过1 500美元。

3. 执行飞行任务补贴①

执行飞行任务补贴（flight pay）是美军为执行军事飞行及相关任务的官兵提供的特别补贴。该项补贴分为四类：

（1）飞行生涯激励补贴（aviation career incentive pay for officers），是为了激励美军现役军官选择进行飞行相关训练以成为飞行员或奖励执行飞行任务超过一定年限的军官。满足条件的军官，根据军衔和服役年限的不同，每月可领取 125 美元到 250 美元不等的补贴。

（2）飞行生涯延长奖励（aviator retention bonus），是为了奖励那些在服役期限结束后选择继续留在军队服役至少 1 年的飞行员。

（3）飞行任务累积补贴（career enlisted flyer incentive pay），是为了奖励那些在服役年限中从事飞行任务的累计年限超过若干年数的飞行员而给付的补贴。

（4）危险飞行任务补贴（hazardous duty incentive pay），是提供给那些执行危险性极高的飞行任务的飞行员的额外补贴，包括执行跳伞任务（150 美元/次）、轰炸任务、试验飞行任务、运输高危燃料任务等，每月 150 美元。

4. 执行海上任务补贴②

执行海上任务补贴（sea career pay）是为长期在海上服役或执行海上任务的官兵提供的补贴。执行海上任务补贴分基本补贴（officer career sea pay）和特别奖励（sea pay premium）两种。前者适用于所有在海上服役的官兵，后者为在海上服役超过特定期限的官兵提供。

（三）津贴

为了适当弥补军人的生活花费，提高军人的生活水平，美军为官兵提供不同种类的津贴，这些津贴合计占美军薪酬待遇的很大一部分。美

---

① 参见 https：//www. military. com/benefits/military-pay/special-pay/flight-pay. html.

② 参见 https：//www. military. com/benefits/military-pay/special-pay/officer-career-sea-pay. html#Navy.

军官兵目前享受的津贴种类主要有基本生活津贴、高消费水平地区生活津贴、服装津贴和海外住房津贴等。这些津贴收入不必缴税。

1. 基本生活津贴

基本生活津贴（basic allowance for subsistence，BAS）是美军提供给服役官兵解决住宿和饮食的津贴。[①] 基本生活津贴的数额主要根据美国的食品价格目录确定和调整。目前，每名士兵的基本生活津贴是369.39 美元，每名军官的基本生活津贴是 254.39 美元。[②]

2. 基本住房津贴

基本住房津贴（basic allowance for housing，BAH）是对未能获得政府提供住房的官兵住房成本的补偿。住房津贴依驻地位置、当地房租价格、收入等级以及婚姻状况而定。基本住房津贴标准每年都会调整。但美军对基本住房津贴实行"保护政策"——即使所驻扎地区的基本住房津贴标准下降，只要官兵的服役状态没有改变，其所能请领的住房津贴就不会下降；而当该地的基本住房津贴标准提高时，所能请领的住房津贴也会相应提高。

3. 海外住房津贴

美国有众多海外军事基地。由于条件限制，美军无法为所有在海外军事基地服役的官兵提供住房，因此美军会为这些符合条件的官兵提供海外住房津贴（overseas housing allowances）。

海外住房津贴按月支付给那些驻扎在符合条件的海外地区且被批准自行解决住宿的官兵。海外住房津贴覆盖的支出项目包括房租、水电费、维修费和搬家费用。

4. 高消费水平地区生活津贴

为了补贴在美国本土（continental united states，CONUS）高消费水平地区驻扎官兵的生活开销，美军为这部分官兵发放高消费水平地区生

---

① 自 2002 年起，美军规定，入伍官兵必须支付餐费，该餐费由美军统一补贴。

② 参见 https：//www.military.com/benefits/military－pay/allowances/basic－allowance－for－subsistence.html.

活津贴（cost-of-living allowance，COLA）。申领高消费水平地区生活津贴需满足以下情况之一：被派往高消费水平地区驻扎或执行任务；被派往美国本土外执行任务，而该官兵的亲属居住在美国本土的高消费水平地区；或者该官兵虽在本土服役，但由于某些特殊情况，该官兵的亲属居住在美国本土的高消费水平地区。[①] 应当注意的是，这部分津贴收入并不免税。

（四）奖金

奖金是指美军为鼓励新兵入伍或在役官兵延长服役期限而提供的奖励，主要包括预备役再入伍奖金、先前服役人员再入伍奖金和特定人员延长服役期奖金等。

1. 预备役再入伍奖金

如果一名在役军人延长服役期限后到预备役部队服役，或者退役军人重新应征加入预备役部队，根据具体情况，可以在服役满 3~6 年后领取预备役再入伍奖金（Individual Ready Reserve Reenlistment Bonus）。这部分人员将被编入作战部队编制或战斗支持编制。这一奖金最高不超过 10 000 美元。

2. 先前服役人员再入伍奖金

如果先前服过兵役的人员再次入伍，并且在特定军事部门服役超过指定期限，可以获得先前服役人员再入伍奖金（Prior Service Enlistment Bonus）。该奖金最高可达 40 000 美元。

3. 特定人员延长服役奖金

对拥有特别军事技巧或在特定领域服役的军人，如果符合条件和考核后，其每次延长服役期限，都可以获得特定金额的奖金奖励，即特定人员延长服役奖金（The Selective Retention Bonus，SRB）。每多服役一年或重新入伍一次，可以获得 25 000 美元的奖金。该奖金可以重复

---

① 参见 https：//www.military.com/benefits/military-pay/allowances/cost-of-living-allowance-cola.html.

获得，最高额不得超过 100 000 美元。

二　休假福利

为满足军人的日常休息、娱乐、减压放松及处理私人事务的需要，美军为其官兵提供休息休假福利，大致可以分为带薪假期和无薪假期两种。

（一）带薪休假制度

美军的带薪休假包括常规休假、预支休假、紧急休假和退役假等。

1. 常规休假

常规休假（Regular Leave）是指根据个人情况正常申请所获批的假期。当官兵需要休息、照顾家庭成员、参加宗教仪式或有其他需求时，都可以申请常规休假。但上级长官可以以军事需要为由拒绝休假申请。

2. 预支休假

如果某官兵想要休假，但该官兵已休假天数已经超过规定假期但尚未超过其在该年度可以获得的休假总天数时，可以申请预支休假（Advance Leave）。美军长官经常拒绝批准预支休假，即使批准，也是严格按照一般情况下所需要的最少时间批准。

3. 紧急休假

如果美军官兵因个人原因或家庭原因临时需要休假的，可以申请紧急休假（Emergency Leave）。紧急休假一般不超过 30 天，由部队指挥官审批。如果确有必要延长紧急休假的，需要重新提请指挥官批准。可以获批紧急休假的原因非常有限，通常都是非常紧急或严重的情形，如近亲属去世，探视临终的近亲属；配偶或近亲属受伤、做手术或患病且只能由该官兵帮助处理；家庭成员居住地遭受严重的自然灾害且威胁到家庭成员安全等情形。[①] 紧急休假审批程序较一般休假会更为快捷。

---

① 参见 https：//www.thebalancecareers.com/military-leaves-passes-and-liberty-3331984.

4. 退役假

如果某官兵即将退役，但其所累积的假期还没有休完，他可以在处理完退役手续后，一次性将未休完的假期休完，在这期间的所有待遇保持不变，此即退役假（terminal leave）。设立这一假期的目的是保证官兵休假的权利和为官兵提供就业方便，再就业的官兵可以用这些假期寻找工作或提前熟悉新雇主的环境。

（二）无薪休假（息）制度

对于某些特定类型的假期，虽然可以允许休假，但在休假期间，相应的薪酬、津贴和奖金将会停止计算和发放，称为无薪休假。此类假期主要包括疗养假、准公务假和日常休息等。

1. 疗养假

当官兵因为生病或受伤需要休养，且法定的最长休养假期已经用完，但仍有休养的必要，可以申请额外的疗养假（convalescent leave）以帮助恢复。该假期由官兵提出申请，部队指挥官可以参考军事医院给出的诊断意见来决定是否休假。该休假申请必须附有主治医生的签名，并且需要写明需要额外休假的具体天数。①

2. 准公务假

当美军官兵出席或参加特定的官方或半官方活动，且该活动又不属于军方应当资助的活动时，可以申请准公务假（permissive TDY，PTDY）。此类假期由部队指挥官批准。可以请准公务假的典型情形包括：经过军队医院的批准，陪同生病或负伤的战友赴异地医院就诊；参加与部队相关的民间组织举办的全国性集会；参加征兵协助计划（recruiters assistance program）等。

3. 日常休息

日常休息（passes）是指在日常工作的间隙或空档，允许官兵暂停训练或工作，短暂离开工作环境进行休养和恢复的制度。日常休息通常

---

① 参见 https：//en. wikipedia. org/wiki/Leave_（U. S._military）#Types_of_leave.

时间较短，并且这部分时间不计发报酬。美军的日常休息时间分为常规休息时间和特别休息时间。

（1）常规休息时间。美军的常规休息时间（regular passes）是指两个工作日之间的休息时间。对于1周训练或工作满5天的官兵，可以享受周末双休日假期和额外的1天假期。

（2）特别休息时间。美军的特别休息时间（special passes）是指官兵因特殊原因去处理个人事务而获得短暂休息的时间。特别休息时间必须由部队指挥官批准，其适用有严格的限制：算上常规休息时间，如果该官兵已经连续休息超过3天，则不会再批给特别休息时间；如果官兵尚有有薪假或无薪假可休，则应命令该官兵先用完未休满的假期。特别休息时间的计算非常严格，以小时为单位，从离开岗位的那个整点开始计算，至归队为止。特别休息时间最长可能达到3~4天。

三　医疗保险

美军的医疗保险由美国国防部负责管理和运营，被称作 TRICARE 医疗保险项目。为解决美军的军队医疗系统无法满足日益增长的医疗需求，美国国防部开始与民间的医疗系统合作，以提高医疗设施的供给能力，进而保证美军的战斗力。美军的医疗保险既包括军队医院提供的服务，也包括民间医院提供的服务。TRICARE 医疗保险项目包含多个子项目，以满足不同身份的军事人员及其家属的需求。对于在役官兵，TRICARE 医疗保险项目主要提供全面医保项目、处方药医保项目和牙医医保项目等。

（一）全面医保项目

全面医保项目是美军为在役官兵提供的基础性医疗保险，所有入伍服役的官兵都必须加入。在加入全面医保项目时，士兵（受益人）必须选择一位提供日常治疗的医生。加入全面医保项目后，当官兵生病或受伤时，优先由军队医院提供免费的治疗。如果军队医院已经满员或无法治疗，则可以在军队医院负责人批准后，转院至与全面医保项目有合作关系的医疗机构继续进行治疗，医疗花费统一由全面医保项目负担。当军队医院认为有能力治疗该官兵时，可要求该官兵回到军队医院接受后续治疗。

（二）处方药医保项目

对于加入全面医保项目的美军官兵，也会自动加入处方药医保项目。一般有两种子项目可供选择：在军队药店或合作药店直接购买或获得处方药（TRICARE Pharmacy Program）；或者，对于那些因患慢性病（如高胆固醇、高血压等）而长期需要某种药品的官兵，可以在完成注册后，由军队药店或合作药店统一将所需药品配送至其住所（Maintenance Drug Prescriptions With TRICARE）。

（三）牙医医保项目①

美军的牙医医保项目为美军官兵提供私人牙医诊所治疗和服务。如果军队医院的牙科门诊提供的治疗无法满足需要，那么军队医院可以将病人转送至与医保项目有合作关系的私人牙医诊所继续治疗，病人无须承担费用。如果当地没有合作的私人牙医诊所，那么经由项目主管部门批准，可以转院至其他地区的合作私人牙医诊所或到当地非合作牙医诊所治疗，费用由医保项目负担。

四　教育福利

为了吸引更多适龄青年入伍，同时保证军队的文化教育水平，提升军队战斗力，美军为入伍服役的官兵提供了优厚的教育福利。对于正在

---

① 参见 https：//www.military.com/benefits/tricare/dental/tricare-active-duty-dental.html.

服役的官兵来说，根据其所服役的军种不同，所享受的教育福利也有所不同，美国陆军、海军、空军和海岸警卫队都有各自的教育计划。总体来说，各军种都提供的教育福利主要有以下几项：

（一）学费资助

美军为服役期间继续攻读学士和硕士学位的士兵提供全额学费资助。如果士兵欲获得学士学位的学费资助，应当首先完成军队组织的个人进阶培训（advanced individual training），并于培训结束后服役满 1 年始得申请。服役满 10 年后，可以申请研究生教育学费资助。[①]

（二）大学合作培养项目

美军与驻地或其他地区的大学设有多项合作教育项目，如陆军的 SOCAD 项目（Servicemembers Opportunity Colleges Degree Program for the Army）、海军的 SOCNAV 项目（Servicemembers Opportunity Colleges Degree Program for the Navy）等。美军官兵可以在服役期间修读合作大学开设的课程，并获得相关专业的学位或联合培养学位等。

（三）在线继续教育

美军还为在役官兵提供各种各样的线上课程，如陆军的 eARMY 项目。这类课程全部免费，美军会为官兵提供上课所必需的教材和各种技术设备。如果官兵修完指定课程，可以获得相应的结业证书。

（四）业余时间研究生教育

对于有志于攻读硕士学位的军官，美军对符合条件的给予全额学费资助，包括学费、注册费、书费等，最高总计可达 40 000 美元，如海军的 NGEV 项目（Navy Graduate Education Voucher）。

---

① 参见 https：//www. military. com/education/money-for-school/army-tuition-assistance. html.

五 家属优抚

（一）医疗福利

美军的 TRICARE 医疗保险项目中设置了部分子项目，可以适用于在役官兵的亲属，主要包括优选医保项目、青少年医保项目和牙医医保项目。

1. 优选医保项目

在役的美军官兵可以选择加入优选医保项目（TRICARE Select），以较低的费用获取较为优质的医疗资源。该项目可覆盖家庭成员，在役官兵的家庭成员只要付出一小部分费用，就可以从医保项目的合作医院或非合作医院接受治疗。该项目没有注册费，每次就诊家庭成员只需自付不超过 150 美元的医疗费用和不超过 35 美元的门诊费用。自付费用每年存在上限，每年不超过 1 000 美元。[①]

2. 青少年医保项目

美军在役官兵的不满 21 岁的子女自动享受其服役父母的医保待遇，但如果子女年满 21 岁，将会自动退出其父母的医疗保险，其父母可以选择为其加入独立的青少年医保项目（TRICARE Young Adult Program）。若子女年满 21 岁但未满 26 岁，未婚，没有或无法参加雇主的医保项目，并且没有或无法参加军队提供的其他医保项目，缴纳保费并完成注册后，可继续享受和其父母相同的医保待遇，此时该项目保费为每月 324 美元。[②]

3. 牙医医保项目

美军现役官兵可以为其配偶和不满 21 岁的子女加入牙医医保项目（the TRICARE Dental Plan）。加入该医保项目需要满足两项条件：一是该官兵在部队服役的剩余期限大于 12 个月；二是足额缴纳保费，每月

---

① 参见 https：//www.military.com/benefits/tricare/tricare-select/tricare-select-details.html.
② 参见 https：//www.military.com/benefits/tricare/tricare-young-adult-prime.html.

28.87 美元。加入该医保项目后，小额牙医费用会全部报销，补牙、种牙等大额花费报销比例最高可达 50%。[①]

(二) 配偶教育福利

由于美军在役官兵的家属经常随着部队迁移，无法在一个固定的地方完成大学教育，因此，除了资助在役官兵接受教育外，家属优抚项目也为在役官兵的配偶接受大学教育提供帮助，具体的方式包括提供学费和提供学分转换、互认等。

1. 学费资助

对于长期驻扎在海外的官兵的配偶，美军的配偶教育资助项目 (the Spouse Tuition Assistance Program) 为其配偶提供一半的课程费用，每学年不得超过 1 500 美元。阿诺德将军基金会每年都会给驻扎在海外海军的配偶提供 1 500~1 750 美元的奖学金，助其完成职业培训或大学教育。[②]

2. 学分互认

美军的 SOCAD (the Servicemembers Opportunity Colleges) 项目为随军迁移的官兵家属提供学分互认帮助。只要该家属在 SOCAD 项目承认的任何一所大学修完指定课程，SOCAD 项目的合作学校之间对该学分都予以承认，以满足其毕业获得学位的要求。[③]

第三节　美国退役军人优抚制度

一　退役军人简介

美国因战伤亡军人、退役军人以及他们的家属都享有一系列的优抚福利。美国退役军人的优抚主要由美国退役军人事务部 (Department of

---

① 参见 https：//www. military. com/benefits/tricare/dental/tricare – dental – plan – benefits – and – coverage. html.

② 参见 https：//www. military. com/spouse/military-education/military-spouse-education/school-help-for-military-spouses. html.

③ 参见 https：//www. military. com/topics/family-and-spouse-education.

Veterans Affairs，VA）负责。美国退役军人的优抚待遇主要包括物质性优抚待遇和纪念性优抚待遇。物质性优抚待遇包括健康照护、养老金和其他补偿；纪念性优抚包括葬礼、竖立纪念碑、丧葬补贴等。[①] 一般来说，只要在服役期间没有违法违纪行为（dishonorable discharge），服役期间阵亡或正常退役的军人都可以享受这些待遇。

（一）退役军人的定义

截至 2016 年，根据美国退役军人事务部的统计，美国退役军人人数已经达到 2 000 万，接近美国成年人数量的 10%。[②] 在讨论美国退役军人优抚制度的具体内容之前，我们有必要先界定一下退役军人。

按照美国的法律，退役军人是指曾经在海陆空军服役过，并且非因不荣誉原因退役。如果仅仅是军队的临时成员，并不属于退役军人。

第一，服役是指专职服役，而不是预备役，可以是在海陆空三军、海军陆战队、海岸警备队服役，也包括美国公共卫生服务军官团（Public Health Service）和国家海洋及大气管理局军官团（National Oceanic and Atmospheric Administration）的军官。服役期间包括以下几种情况：在受训练服役期间（Active Duty for Training）受伤（或者导致之前的伤情恶化）导致残疾或者死亡、在受训练预备役（Inactive Duty for Training）期间受伤（或者伤情恶化）导致残疾或者死亡、在到达或者前往受训练服役期残疾或者死亡、受训练预备役期间残疾或者死亡。[③]

第二，服役时间长短也是获取退役军人优抚的一个考虑因素。在 1980 年 9 月 8 日之前入伍的，对于获得退役军人优抚没有服役时间长短的要求，之后入伍的，只有连续服役满 2 年的退役军人才能获得退役

---

① 参见 https：//www. va. gov/opa/persona/index. asp.

② The changing face of America's veteran population，2018 年 9 月 1 日。

③ Scott D. Szymendera. Who Is a "Veteran"? —Basic Eligibility for Veterans' Benefits ［EB/OL］. (2023-09-07). https：//digitalcommons. ilr. cornell. edu/cgi/viewcontent. cgi? article = 2561&context = key_workplace.

军人优抚。对于与服役相关的残疾补偿金，只要是在服役期间受伤或者因病导致残疾，无论服役时间长短，残疾退役军人都可以获得该补偿金。

第三，非因不荣誉原因退役也是获取退役军人优抚的重要条件。一般来说，军人退役有5种情况①：①荣誉退役（honorable discharge）：退役军人在服役期间的表现总体上良好，档案中无不良记录。②一般退役（general discharge/discharge under honorable conditions）：退役军人在服役期间的表现基本上令人满意，但出过问题，不宜作为荣誉退役者对待。③非荣誉退役（discharge under other than honorable conditions/undesirable discharge）：此类人员服役期间表现较差，出现过重大问题和过失。④品行不良退役（bad conduct discharge）：惩罚性退役，退役必须经特等军事法庭或者高等军事法庭审判后作出。⑤不名誉退役（dishonorable discharge）：惩罚性退役，由高等军事法院作出的裁决，有巨大污名。

比较复杂的是，法律规定的是"under conditions other than dishonorable"的情况，如果仔细推敲，与上面5种退役方式并不完全一致，这也给认定带来一定的麻烦。一般来说，荣誉退役和一般退役都符合退役军人认定标准，而其他形式退役的军人则需要个案认定。换句话说，即使是非荣誉退役和品行不良退役，并不意味着一定无法获得退役军人优抚，退役军人事务部会根据情况予以审查。

另外，是否在战争期间服役也会对退役军人的待遇带来影响。只有参加过战争的退役军人才可以享受残疾养老金（the improved disability pension benefit）。

（二）退役军人优抚制度简史

美国退役军人优抚制度最早可以追溯到独立战争期间。1778年，

---

① 关于军人退役的情况，参考《美国把退役军人分5类，参战军人分4类!》，https://item.btime.com/m_2s21ox76i1k.

大陆会议（the Continental Congress）建立了第一个退休金办公室（Pension Office），当时只有四名人员。独立战争以后，办公室被重新命名为退休局（Pension Bureau），负责处理战争后的退休和抚恤问题。在经历了内战等战争后，退休局得到了很大的发展。

美国退役军人部门真正成立是在第一次世界大战以后。1914年，美国创建了战争风险局（Bureau of War Risk Insurance），为参战的美国船只及其货物提供保险。1917年10月，该部门被赋予新的职责，处理第一次世界大战中美国服务人员的工资、福利和保险，以及残疾军人的治疗等问题。13个月后，即第一次世界大战结束之际，该局的职能又有了微调，包括帮助返回的军人退役，评估他们的残疾赔偿，并安排治疗和住院事宜。

当时美国还有其他部门处理退役事务，比如，职业教育联邦委员会（Federal Board for Vocational Education），负责残疾退役军人的疗养；公共医疗服务（Public Health Service），负责退役军人的意愿和医护工作。1921年，美国国会决定整合这些部门，成立一个新的退役军人局（Veterans' Bureau），不过退休局并没有被并入退役军人局，继续处理退役军人的养老问题。直到1930年，在胡佛总统任内，国会创建了退役军人行政部门（Veteran Administration），将退休局和退役军人局加以整合，于1933年成立退役军人上诉委员会，为退役军人提供关于退役待遇纠纷的上诉渠道。

第二次世界大战催生了《美国军人权利法》（*The Servicemen's Readjustment Act of* 1944，又称 G. I. Bill），这是美国最重要的退役军人立法之一，涉及大量退役军人福利，主要包括：第一，教育补助，每个人最多能获得4年的教育补助，包含学杂费和生活津贴；第二，就业协助，除了发放临时的失业补偿金，还提供就业培训等项目；第三，贷款优惠，由联邦政府提供，覆盖家庭、农场和贸易等领域。该法案的积极效果非常显著，51%的二战退役军人享受了教育福利，220万获得了大学或研究生学位，560万获得了职业或者工作培训。29%的退役军人使用了法律规定的低息贷款来购买房屋、农场或者开展生意。此外，该法案的重要意义还在于，从传统的金钱补助转向全方位的补助，帮助退役军人接受教育和就业，帮助他们快速融入社会。与之类似，1944 年的《退役军人优先法》（*Veterans' Preference Act*）让退役军人在联邦政府招聘时享有一定的优先权。

之后的立法则主要是缝缝补补，如教育补助，不同时期有不同的立法。改动比较大的是退休金方面的立法。1959 年，退休金的计算开始根据受益人的工资来计算，而不再是统一的费率；1978 年国会通过 *Veterans' and Survivors' Pension Improvement Act*，之前的法律在考虑退役军人是否有领取退休金资格时不会考虑配偶的情况，而新法将整个家庭的收入作为是否发放退休金的考察因素。值得一提是 1983 年的 *Emergency Veterans' Job Training Act*，如果雇主雇佣退役军人，联邦政府将向雇主支付退役军人初始工资的 50% 作为培训成本的补偿，最高支付额可达 10 000 美元。

机构上较大的发展是 1988 年美国退役军人上诉法院（US Court of Appeals for Veterans Claims）的成立。退役军人如果对上诉委员会的决定不服，可以继续向退役军人巡回法院上诉，甚至可上诉到联邦最高法院。此外，1989 年，退役军人行政机构正式升格为退役军人事务部，成为内阁的一个组成部分，且在此之前，退役军人行政机构还接管了国家公墓系统（National Cemetery System）。[1]

二 退役军人优抚制度的具体内容

（一）残疾退役军人特别保障

1. 残疾补偿金

残疾补偿金（disability compensation）是向因为服役而导致残疾的退役军人每个月提供的定额补助。补偿金的数额取决于残疾的程度，而

---

[1] 除了阿灵顿国家公墓（Arlington National Cemetery）。

残疾的程度由退役军人部在检查申请人的身体状况后确定（详见表 2-1 和表 2-2）。

表 2-1　2015 年无配偶退役军人残疾补偿金

残疾程度	补偿金数额（美元）
10%	133.17
20%	263.23
30%	407.75
40%	587.36
50%	836.13
60%	1 059.09
70%	1 334.71
80%	1 551.48
90%	1 743.48
100%	2 906.83

表 2-2　2015 年有配偶退役军人残疾补偿金

残疾程度	补偿金数额（美元）
10%	133.17
20%	263.23
30%	455.75
40%	651.36
50%	917.13
60%	1 156.09
70%	1 447.71
80%	1 680.48
90%	1 888.48
100%	3 068.90

需要满足两个条件才能获得残疾补助金：退役军人因战争受伤或生病，包括在执行任务时受伤；或之前已经有伤但在执行任务时伤病恶化且最终导致残疾。不荣誉以外的原因退役的军人不能获得。

残疾补偿金的申请需要提供医疗诊断书、服役时发生受伤情况的医学证据，以及证明受伤情况与军队服役有关的证据。此外，申请人还应该提交军人退役的相关文件、证明婚姻情况的文件等。退役军人事务部将审查这些材料。

特定情况下，残疾补偿金的数额还会提高，比如，严重的残疾或者失去四肢，有配偶或需要抚养的孩子或需要照顾的父母，退役军人可以获得特殊月度补偿（Special Monthly Compensation，SMC）。

2. 职业康复与雇佣项目

职业康复与雇佣项目（Vocational Rehabilitation and Employment Program）的主要目标是帮助残疾的退役军人找到工作。这一项目始于1918年，当时正值第一次世界大战结束，残疾退役军人的失业问题引起了社会的广泛关注。因此，国会制定了职业康复法（*Vocational Rehabilitation Act*），提供职业培训，并帮助他们回到工作岗位。

申请该项目需要满足两个条件：第一，以不荣誉以外的原因退役或者即将退役；第二，因战争导致10%以上的残疾。这里有一个时限要求，即需要在退役或首次获知退役军人事务部对其残疾程度评估结果的12年内提出。符合上述标准后，申请人将接受政府部门的综合评估，确定申请人是否真实需要这个项目。

职业康复计划确定后，退役军人事务部还会继续跟进该计划实施，事务部可以提供的帮助包括个别指导、工作技能培训、医疗方面的推荐、调整方面的咨询、培训津贴的支付以及其他需要的服务。

3. 汽车补贴

美国被称为车轮上的国家，国家为退役军人购买汽车提供财务上的补贴，该补贴最早出现于1948年。2017年10月1日的最新标准规定一次性汽车补贴不超过20 577美元。① 这笔补贴将被直接支付给汽车销售商，并且退役军人不能得到第二次补贴。

对于特定的残疾退役军人，如双腿或者双手永久残疾，视力受到永

---

① 参见 https：//www. benefits. va. gov/compensation/claims-special-auto-allowance. asp.

久伤害，申请人能申请改装汽车资金。汽车改装的部分包括发动机、刹车等部件。对于改装汽车资金，申请人在一生中可以不止一次去申请，这笔资金既可以支付给汽车销售商，也可以支付给退役军人本人。

4. 衣服补贴

衣服补贴始于1972年，国会要求行政机构向因战争导致残疾的退役军人提供衣服补贴。如果衣服因为假体或者整形装备永久损毁，或者衣服因为皮肤上的某些治疗而损坏，那么申请人就能获得这项补贴。

5. 改装住房补贴

改装住房补贴是提供给残疾退役军人，让他们可以改造原有的房屋以方便残疾人的使用。具体可以分为三大类：特殊住房改造（specially adapted housing）、特殊家庭改造（specially home adaption）以及家庭改进和结构变更项目（home improvements and structural alternations）。[①] 特殊住房改造和特殊家庭改造的不同点在于，特殊住房改造对原有房屋的要求更高，针对的群体也不一样。

特殊住房改造项目的目标是为残疾退役军人提供一个无障碍的居住环境，比如增加轮椅进出通道，使他们能享受到其他地方无法获得的福利。这个项目的数额最高可达81 080美元。能申请的群体如下：

（1）失去下肢，或者下肢不再起作用，在没有轮椅等协助的情况下无法移动。

（2）两眼失明，以及失去其中一个下肢或者不再起作用。

（3）其他情况：有其他器官的疾病或者受伤；失去一个上肢或者不再起作用，影响了身体的平衡或者推动力，在没有轮椅等的协助下无法移动；失去两个双肢（肘部以上）；严重的烧伤。

相对来说，特殊家庭改造项目的规模要小得多，一般要求增加残疾退役军人住所的可移动性。申请的资金最高额为16 217美元。申请该项资金需要符合下列条件之一：即使戴上标准的矫正镜片，两只眼睛的视力均不高于0.1（20/200 vision）；失去双手或者上肢（低于肘关节）

---

① https：//benefits. va. gov/BENEFITS/factsheets/homeloans/SAHFactsheet. pdf.

或者解剖学意义上的失去；严重的烧伤。需要注意的是，当残疾退役军人临时性地居住在其家庭成员所有的房屋时，他们可以申请临时资金来使得临时住所适合他们居住。特殊住房改造项目的临时资助额是 35 593 美元，而特殊家庭改造项目的临时资助额是 6 355 美元。

家庭改进和结构变更项目也是为了让残疾退役军人住得更加舒适，但是改进的幅度小于特殊家庭改造项目，主要是增加厕所和卫生设施的通道，该项目可与特殊住房改造或特殊家庭改造兼得。非战争引起的退役军人残疾也可以申请该项资金，只不过资金的额度不同。因战争原因致残可获得的资金最高额为 6 800 美元，而非战争原因残疾可获得为最高额是 2 000 美元。

（二）死亡抚恤金

当军人在服役期间死亡时（包括退役后 120 天因为服役有关的伤病或者疾病死亡），军队会首先向近亲发放 10 万美元的死亡抚恤金（death gratuity）。如果死亡军人没有配偶或者子女，则父母或者兄弟姐妹可领受这笔抚恤金。

死亡抚恤金的发放对象是死亡的退役军人的配偶及子女，领取死亡抚恤金需要满足以下几个条件：

首先，退役军人的死亡包括以下情况：

（1）在执行任务时死亡，或者在受训练服役期或者受训练预备役期间死亡。

（2）退役后因为和服役有关的伤病或者疾病死亡。

（3）退役军人因为与服役不相关的伤病或者疾病死亡，并且之前因为服役有关的原因终身残疾，这种残疾已经持续 10 年，或者退役后残疾至少 5 年。

其次，申请人需要满足以下条件：

（1）配偶：在军人因为执行任务、现役训练或者非现役职务训练死亡时，婚姻处于存续状态；或在 1957 年之前就已经结婚，退役时至少 15 年内婚姻处于存续状态，而疾病或伤病都是在服役期间开始或者恶化的；或与退役军人至少结婚一年；或与退役军人有一个子女，并且在退役军人去世前一直共同生活，如果是分居，并非造成分居的过错方，并且申请时未再婚。（例外情况：如果在 2003 年之后并且年满 57 岁之后再婚，恢复申请资格）。

（2）子女：不满 18 岁，未婚。（例外情况：如果仍在上学，那么可以持续到 23 岁；如果孩子永久性地无法照顾自己，即使大于 18 岁也可申请）

配偶的死亡抚恤金的额度主要根据死亡时间调整。这里以死亡时间在 1993 年之后的情况为例。[①] 从 2017 年 12 月 1 日开始，配偶的死亡抚恤金的基本待遇是每个月 1 283.11 美元。需要增加的情况包括：如果退役军人在过去 8 年一直因为服役时导致的终身残疾获得补偿，并且过去 8 年婚姻一直处于存续状态，那么每个月可增加 272.46 美元。如果需要抚养孩子，每个孩子增加 317.87 美元。如果配偶需要起居协助（aid and attendance），增加 317.87 美元。如果配偶无法离开住房，增加 148.91 美元。

父母的死亡抚恤金的金额主要和他们的收入挂钩。具体数额可以参见退役军人事务部的网站。[②]

（三）养老金

退役军人的养老和医疗都比较特殊。一般情况下，军人退役时，军队会提供一笔补偿金，但是在特定条件下，一些退役军人或者配偶可以获得养老金和医疗保险。

军人服役 20 年以上，能获得退休金。具体分为三类：第一类是服役的军人；第二类是符合一定条件的预备役军人也可获得；第三类是在服役期间因伤残疾，即使服役不满 20 年也可以获得。

---

① https：//benefits.va.gov/Compensation/current_rates_dic.asp.
② https：//benefits.va.gov/Pension/current_rates_Parents_DIC_pen.asp.

养老金则针对特殊的人群。第一类是针对低收入退役军人的改善型残疾养老金（improved disability pension）；第二类是针对低收入的健在配偶和子女的改善型死亡养老金（improved death pension）；第三类主要面向荣誉勋章（medal of honor）获得者。

1. 改善型残疾养老金

改善型残疾养老金主要为特定的低收入退役军人提供。首先，申请者本人需要符合一定的要求。除非是因为不荣誉除名（dishonorable discharge），申请人必须有90天的服役经历，并且至少有一天是在战争期间。① 此外，领取养老金的退役军人必须年满65岁，并且终身残疾是因为服役期间非战争原因受伤或生病所致。需要注意的是，如果是因为战争原因导致军人受伤，使得军人产生其他伤病并导致残疾，该退役军人可以申请养老金，也可以申请残疾补偿金，但是两者不可兼得。

获取该养老金的一个前提是退役军人年收入低于法律规定的年度收入最高额。年度收入最高额的设定取决于很多因素。首先，这个数额每年都会根据生活成本（cost-of-living adjustment）进行调整。其次，是否有配偶也会影响数额。比如，从2015年1月开始，年度收入最高额为12 868美元，但是如果有一个配偶，数额则为16 851美元。如果两个退役军人组建家庭，则最高额也是16 851美元，与有一个配偶的情况相同。最后，如果一个退役军人无法离开住址或者需要起居援助，年度收入最高额还会提高。注意：无法离开和其他援助只能二选一，不可兼得。

无法离开住址的情况是指因为终身残疾，申请人实质上无法离开所在住所。需要起居援助则主要指以下四种情况：第一，需要另一个人帮助来实现日常生活，比如洗澡、穿衣等；第二，卧床不起，无法进行任何康复或者治疗；第三，因为体力或者精神的无能力而成为护理院的病

---

① 这里的战争限于以下战争：墨西哥边境战争、第一次世界大战、第二次世界大战、越南战争、海湾战争。

人；第四，有严重的视力问题。①

关于养老金的计算，上文已经谈到，如果申请者有自己的收入，但是并未达到年度收入最高额，申请者依然可以获得养老金，只是需要减去个人收入。这里的收入包括一般收入和资本收入。前者包括工资、残疾福利、养老权益的利息和股息等，后者包括股票收入等。法律还规定有些收入不需要减去，包括从公共福利或者私立救济机构获得的捐赠和退役军人事务部管理的养老金等。

养老金的具体数额是年度收入最高额和申请人收入的差额。假设在2005年，一个退役军人家庭收入是10 855美元，而法律规定的年度收入最高额是13 855美元，那么该年度申请人的养老金金额是3 000美元（13 855－10 855＝3 000），每个月发放250美元。②

如果该退役军人在该年度经历了一次治疗，治疗费用8 000美元，而健康保险只能支付6 400美元，此时该退役军人需要支付的医疗费用为1 600美元。这笔支出已经超过年度收入最高额的5%，即693美元（13 855×0.05＝693）。这个差额907美元（1 600－693＝907）可以被收入减去，此时，这个家庭的年收入变为9 948美元（10 855－907＝9 948），而养老金的数额则变为3 907美元（13 855－9 948＝3 907）③。

2. 改善型死亡养老金

已去世退役军人的配偶或者受抚养的子女还健在，他们可以获得这一养老金。法律规定，配偶不得再嫁并且与去世军人至少已经结婚一年，而子女必须是不满18岁（如果在学校，则不满23岁），或者是在18岁之后生活无法自理。

改善型死亡养老金的计算方法和改善型残疾养老金类似。首先，法律规定了年度最高收入额，根据生活成本调整费用。是否有孩子也会影响数额。以2015年1月实行的新标准为例，如果不需要抚养子女，该

---

① 参见 https：//www.benefits.va.gov/pension/aid_attendance_housebound.asp.
② https：//www.benefits.va.gov/pension/pencalc.asp，2018年9月1日访问。
③ https：//www.benefits.va.gov/pension/pencalc.asp，2018年9月1日访问。

配偶的年度最高收入额是 8 630 美元，但是如果需要抚养一个孩子，年度最高收入额就上调到 11 296 美元。此外，遇到一个退役军人无法离开住所或者需要起居援助时，年度最高收入额同样会上调。具体计算方法与改善型残疾养老金一致。

3. 荣誉勋章养老金

如果一名军人曾经获得荣誉勋章，可以获得这一专项养老金。比如，2015 年，获得者可以每个月获得 1 299 美元。需要注意的是，获得这项养老金并不影响申请人获得其他社会保障。此外，如果该军人获得多枚荣誉勋章，养老金也并不会因此增加。

（四）对退役军人的健康照护

美国退役军人事务部为退役官兵提供了非常广泛的医疗照护服务，包括各种传统的住院治疗和院外治疗，治疗项目包括外科手术、重病护理、精神健康康复、矫正手术、放射治疗和物理治疗等。如果有特殊需要，并且医疗条件允许的话，还会提供许多先进的治疗措施，如器官移植或整形手术等。对于退役军人的治疗措施，主要由指定的医疗机构来决定，以治疗病情所需要的程度为原则，并且要符合一般所公认的临床实践标准。

目前，美国退役军人事务部通过自建、合作等方式，在美国境内建立了 1 243 所治疗护理机构，包括 170 所退役军人医疗中心（VA Medical Center）和 1 063 所护理门诊。每年接受这些医疗护理机构护理服务的美国退役军人超过 900 万人次。[1]

1. 提供的常规医疗项目和医疗服务

·内科、外科、精神科，包括精神性药物滥用治疗的门诊治疗。

·内科、外科、精神科，包括精神性药物滥用治疗的住院治疗。

·处方药、非处方药、医疗和手术用品等。

·丧亲辅导（bereavement counseling）。

---

① 参见 https：//www.va.gov/health/FindCare.asp.

·康复治疗。

·为退役军人的家庭成员或法定监护人提供心理咨询、专业心理辅导和训练和心理健康治疗。

·耐用医疗器材、假肢和矫正器材，包括眼镜和听力辅助器材。

·家庭医疗服务（home health service）。

·预防性护理，包括免疫接种、定期的医疗检查、医疗保健评估（health care assessments）、健康和营养学教育和筛查测试（screening tests）等。

·因患病或受伤恢复所必需的修复手术（reconstructive surgery），但不包括与治疗原因无关的整形手术。

·为年老者提供的临时看护（respite care）、临终关怀（hospice care）和姑息治疗（palliative care）。

·怀孕护理和接生服务。

·急救护理。

此外，除了上述各种医疗项目外，退役军人健康照护项目还提供一些与接受治疗相关的服务，如协助填表服务、报销因治疗花费的旅费等。

2. 提供的特殊医疗项目

对于那些在服役过程中遭受的特殊伤害，特别是在某些战争过程中受到的大规模伤害，常规的医疗项目可能无法有效治疗，美军的健康照护项目对这些特殊伤害也提供治疗帮助，主要包括创伤后应激障碍症（post‐traumatic stress disorder）[1]、外伤性脑损伤（traumatic brain injury）[2]、橙剂损害（orange agent exposure）[3] 以及海湾战争综合征

------

① 参见 https：//www. military. com/benefits/veterans‐health‐care/posttraumatic‐stress‐disorder‐overview. html.

② 参见 https：//www. military. com/benefits/veterans‐health‐care/traumatic‐brain‐injury‐overview. html.

③ 参见 https：//www. military. comhttp//www. military. com/benefits/veterans‐health‐care/agent‐orange. html.

（Gulf War syndrome & related illnesses）[①] 等。

3. 健康照护的费用承担

美国退役军人健康照护的费用并非对所有退役军人免费，只有满足一定条件，才可以享受免费医疗，其余的费用承担比例由服役期间长短、所受伤病的严重情况以及退役后的收入高低决定。

目前，在美国可以享受免费医疗的退役军人群体主要有：在战争中被俘，并被军队认定为战俘；因为服役造成伤残，伤残程度被认定为超过 50％的；因接受军队医疗而造成严重伤害的；在越战中受到橙剂损害、在海湾战争中受到污染物伤害、在伊拉克战争中参加过战区战役的；低收入人群（最低收入每年由美国退役军人事务部确定）。

对于退役后收入高于免费医疗基准线或者拒不配合提供收入证明（financial assessment）的退役军人，其享受健康照护项目的服务需要自己承担一部分费用。需要自己负担的费用主要包括：

（1）门诊治疗费用。普通门诊费用为 15 美元/次，专家门诊费用为 50 美元/次以及相应的药费。

（2）住院治疗费用。如果需要住院治疗，前 90 天的住院费为 1 316 美元；每增加 90 天，费用变为 658 美元；另外还需要缴纳每天 10 美元的床位费。

（3）长期护理费。对于有长期护理需求的病人或老年人，如果是入院护理，最高收费标准是每天 97 美元；如果是非入院护理，每天的费用是 15 美元；如需上门护理，每天是 5 美元。[②]

（4）公民健康和医疗项目（Civilian Health and Medical Program of the Department of Veterans Affairs，CHAMPVA）。公民健康和医疗项目主要负责去世军人的配偶和子女，以及终身残疾军人的配偶和子女的医疗保险问题。该项医疗保险主要针对两个群体：第一，如果军人因为战争

---

① 参见 https：//www. military. comhttp//www. military. com/benefits/veterans－health－care/gulf－war－syndrome. html.

② 参见 https：//www. va. gov/healthbenefits/cost/copays. asp.

而去世，配偶和子女享有该项医疗保障；第二，退役军人因为战争导致终身残疾，其配偶和子女也可以获得该项保险。

法律规定，一旦再婚，即失去申请资格。不过，2004 年 2 月 4 日之后，法律又规定，如果配偶是 55 岁以上再婚的，依然享有该项权利。如果是 55 岁之前再婚，但是之后又离婚，权利也可以恢复。对于子女，如果不是全日制学生，那么 18 岁以后就不再享有该项权利；如果是全日制学生，则延续到 23 岁或者学生身份丧失之时。如果子女结婚，同样不再享有。如果孩子是继子，那么，离开担保人的家庭后，将失去该项资格。

公民健康和医疗项目提供大部分的医疗保险服务，包括住院或者非住院的治疗、处方药、精神健康以及专业护理，脊椎按摩疗法、常规的视力检查、听力帮助和牙医检查都不包含在内。2008 年，医疗保险范围增加了假体（不含假牙）。对于部分治疗，需要医保机构的提前同意，也就是通常所说的预授权（preauthorization）。目前，预授权的项目包括耐用医疗设备、临终关怀服务、精神健康、器官和骨髓移植以及一些牙医程序。

关于医保的支付，公民健康和医疗项目实行成本分担（cost-sharing）的模式。首先，对于非住院费用，一个人每年有 50 美元的免赔额，如果是家庭的话，则有 100 美元的免赔额。也就是说，在这个数额内，保险机构不会负责。其次，过了免赔额后，CHAMPVA 会支付 75%的费用，而受益人只需支付 25%的费用。公民健康和医疗项目支付的上限为每年 3 000 美元。如果申请人有其他商业健康保险，那么该项目将成为第二支付人，即商业保险公司先按照保单支付费用，然后申请人再向该项目提出申请，并需要解释这些费用。

该项目与联邦医疗保险（medicare）[①] 和公共医疗补助机制（medicaid）之间的关系如下：在该项目和公共医疗补助之间，该项目成为第一支付人。该项目和联邦医疗保险之间的关系则有些复杂，一般

---

① 为美国联邦政府对老年人和部分残疾人、重病患者提供的全国范围医疗保险。

来说，该项目是第二支付人，但也要看具体情况。如果受益人在 2001 年 6 月 5 日之前满 65 岁，并且仅仅有联邦医疗保险的 A 部分，[1] 那么受益人不需要购买 B 部分，[2] 就可以享受公民健康和医疗项目的相关待遇；如果受益人在 2001 年 6 月 5 日之前满 65 岁，并且拥有 A 部分和 B 部分，那么受益人必须继续保持这两个部分，才能让该项目作为第二支付人；如果受益人在 2001 年 6 月 5 日之后满 65 岁，那么受益人必须同时注册 A 部分和 B 部分，才能申请公民健康和医疗项目；如果申请人想注册 D 部分，[3] 不需要以公民健康和医疗项目为前提。65 岁以上的老年人，即使不享受 A 部分，也可以保留公民健康和医疗项目的资格。

公民健康和医疗项目与 TRICARE 的区别。TRICARE 是国防部提供的医疗保险项目，针对的是正在服役的军人家庭，或者在执行任务时去世的军人家庭，以及退役军人（无论是否残疾）。同样是针对退役军人，两者之间的区别是，对于退役军人家属，TRICARE 没有是否残疾的标准，如果退役军人家属不符合 CHAMPVA，可以申请 TRICARE。

对于 CHAMPVA 与奥巴马医改的关系，根据《平价医疗法》（the Affordable Care Act），大部分个人需要有一个最低限度的医疗保险，否则将支付罚金，而拥有 CHAMPVA 本身已经符合法律要求的最低限度的医疗保险，即使不购买其他医疗保险，也不会被要求支付罚金。

（五）就业帮助与失业救济

就业帮助也是退役军人优抚的重要内容。现在已不流行直接的现金补助，在就业协助方面，美国有多个项目能够帮助退役军人寻找工作。

1. 就业协助

（1）过渡期协助项目（Transition Assistance Programs，TAP）。该项目由退役军人事务部、劳工部和国防部联合成立，旨在为军人提供雇佣

---

[1] Part A 主要涉及医院、短期的护理和一些家庭健康服务。
[2] Part B 主要是医生的费用。
[3] Part D 主要是处方药。

和培训方面的信息。类似的项目还有残疾军人过渡协助项目（Disabled Transition Assistance Program，DTAP）。

TAP 是一个为期 3 天的工作坊（workshop），内容包括如何找好工作、当前的劳动力市场状况（包括劳动力的宏观信息和个别职业的信息）、求职材料（包括简历）以及面试技巧。DTAP 还包括针对残疾退役军人的信息分享。2011 年，美国国会通过《退役军人就业税收优惠法》（*Vow to Hire Heroes Act*），该法案要求 TAP 的内容不断更新，符合 21 世纪劳动力市场的要求。法律将允许转业军人在退役前就可以开始找工作，并且将为转业军人提供更多机会接触正在招聘员工的私人雇主和联邦政府雇主。

此外，还有一些就业协助项目可以帮助退役军人找工作，如退役军人劳动力投资项目（Veterans' Workforce Investment Program），在服役期间残疾并且很难找到工作的退役军人以及服役期间参加战斗的退役军人均可以联系最近的州雇佣办公室寻求该项目的帮助。该项目将由州或者当地的公共机构、社区组织或者非营利组织来落实。例如，州雇佣服务机构（State Employment Service），退役军人可以在各个州的劳动力中心（Workforce Center）或者美国工作中心（American Job Center）寻求帮助，这些机构可以提供招聘信息、教育和培训机会、工作咨询、简历准备等服务。这些机构还将为残疾退役军人提供特别的服务。

（2）联邦雇佣优先项目（Federal Employment Preference）。联邦雇佣优先包括在存在竞争的招聘中提供点数优先（point preference），以及在特殊情况下的直接任命。

·优先权。退役军人会在招聘时享有一些优先权，防止他们因为在军队服役而处于劣势，但是优先权不保证他们一定会被招聘单位录用。美国联邦人事管理局（The Office of Personnel Management）具体负责该项政策的执行。

·特殊任命。退役军人招聘任命（Veteran Recruitment Appointment）项目允许机构直接任命合适的退役军人成为雇员，不需要让他们参与招聘竞争。要成为这个项目的候选人，退役军人必须满足以下条件：

·残疾。

·服役期间参加过战争，或者一个战争，或者远征（随军记者的身份被批准）。

·服役期间获得过奖章。

·近期退役。①

·必须是荣誉退役或者一般退役。

此外，如果被任命的候选人所接受的教育少于 15 年，他还必须完成机构所要求的培训项目。

残疾退役军人的任命，即法律允许一个联邦政府机构直接任命一个因战争所致 30%残疾的退役军人获得岗位。

2. 就业补贴

就业补贴开始于 1996 年，后来经多次补充，如《退役军人就业税收优惠法》也有相关内容。它的适用群体主要是因战争导致残疾的退役军人、已经失业一段时间的退役军人以及领取营养补充援助计划（Supplemental Nutrition Assistance Program，SNAP，通常又被称为食品券，Food Stamp）的退役军人。

就业补贴的办法是税收抵免制度（tax credit），符合条件的雇主可以从纳税额中直接减去可减免的税收项目，抵免的金额根据雇主支付给退役军人的第一年工资额以及失业长短等因素来计算。一个基本的公式是，如果退役军人在第一年的工作时间满 120 小时，抵免额就是年工资的 25%；如果年工作时间超过 400 小时，那么抵免额是年工资的 40%。一个员工的最高抵免额为 9 600 美元。并且法律对于退役军人的雇佣人数不作封顶，也就是说，如果一个雇主雇用了 3 名退役军人，那么抵免额最终将达到 28 800 美元（9 600×3＝28 800）。

3. 失业救济

对于退役后无法找到工作的退役军人，可以申请退役军人失业救济

---

① Recently separated veteran，特指从退役之日起 3 年内。

金（unemployment compensation for ex-service members，UCX）。该失业救济由联邦政府提供，由各州政府负责管理和执行。申请失业救济金必须符合以下条件：①该军人曾在美国军队服役；②该军人没有其他失业保险金来源；③该军人非因违法或违纪原因被迫退役。

退役军人失业救济由各州的劳动服务办公室负责。各州提供的失业救济的具体金额有所不同。各州劳动服务办公室在收到退役军人的救济金申请后，会根据本州的相关规定，决定具体的失业救济金额，并按月向退役军人发放。[①]

如果退役军人不符合领取退役军人失业救济的条件（如加入了雇主为其办理的失业保险计划），则可以根据《紧急失业补贴法》（The Emergency Compensation Act of 1991）领取一般的失业保险金，最多可以领取 26 周。该保险计划的保险金金额由退役军人的服役工资和服役时间决定。个人的服役时间和服役工资应当根据各州规定的转换计算公式（schedule of remuneration）转换为所在州的就业时间和工资水平，即申领退役军人失业保险金时，军队工资等于退役时军队工资的级别，工资表由联邦政府制定，退役军人工资级别与一般人员的级别相对应进行转换。[②]

（六）教育

从 1944 年的《美国军人权利法》开始，美国就开始为退役军人提供教育补助。之后的升级版包括 1952 年的《退役军人调整协助法》（Veterans' Readjustment Assistance Act，又称 Korean GI Bill）和 1966 年的《退役军人福利权利法》（Veteran's Readjustment Benefits Act）。当前普遍适用的是 1984 年通过的《蒙哥马利军人权利法》（The Montgomery G. I. Bill）和 2008 年国会通过的《后 911 退役军人教育补助法》（Post-

---

① 参见 https：//www.military.com/benefits/veteran-benefits/veteran-unemployment-compensation.html.

② 李超民.美国社会保障制度［M］.上海：上海人民出版社，2009：187.

9/11 *Veterans Educational Assistance Act*）。

《蒙哥马利军人权利法》的主要规定是，在服役期间，军人需要在12 个月内每月缴纳 100 美元，退役后可以获得最多 36 个月的学费补贴，补助的范围包括攻读各类学位和证书、学徒项目、在岗培训等。学费补助每月发放，每年都会根据美国大学的平均学费水平进行调整。如果学生参加的是非全日制教育，那么补助金额只有原来标准的一半。此外，该法律还有一个购买选项（buy-up option），军人在服役期间额外缴纳不高于 600 美元的费用，联邦政府将这个金额乘以 8 然后返还给军人，如果缴纳了最高额 600 美元，联邦政府还将额外赠予 600 美元，也就是总共返还 5 400 美元（600×8＋600＝5 400）。但是该法没有生活费、书本费的补贴。退役军人必须在退役 10 年内申请教育补贴，从退役之日开始计算。

《后 911 退役军人教育补助法》主要针对的是 2001 年 9 月 10 日以后入伍的军人。只要在 2001 年 9 月 10 日以后服役满 90 天（或者连续服役满 30 天且因为残疾退役），可以最高享受 36 个月的教育补助。如果服役时间不少于 36 个月，或者连续服役满 30 天因为残疾退役，可以获得最高的补助额。如果不满 36 个月，则按照以表 2-3 进行换算。

表 2-3　服役时间不满 36 个月享受教育补助额

服役时间	最高补助额的百分比
至少 36 个月	100%
连续服役满 30 天因为残疾退役	100%
至少 30 个月，但是不满 36 个月	90%
至少 24 个月，但是不满 30 个月	80%
至少 18 个月，但是不满 24 个月	70%
至少 12 个月，但是不满 18 个月	60%
至少 6 个月，但是不满 12 个月	50%
至少 90 天，但是不满 6 个月	40%

教育补贴除了支付学费，还包括住房补贴、书和文具补贴、考试费

和证书费，以及在特殊情况下重新安置和旅行的费用。此外，教育补助还可能包括参加私人机构的费用。需要注意的是，教育补助的内容也可以转移给配偶或子女，也就是我们所说的"父亲参军，子女上学"。退役军人需要在15年内申请教育补贴（详见表2-4）。

表2-4 教育补贴待遇情况

项目	待遇
学杂费	最多36个月。学费标准不超过所在州最贵的公立学校标准
住房补贴	每月支付
书和文具	每年1 000美元
补习	每个月不超过100，总额不超过1 200，补习必须是为了通过学位要求的课程考试
考试和证书	每项证书的花费不超过2 000美元
重新安置或者旅行	如果居住在农村并且到500英里的地方，或者坐飞机前往
黄丝带项目（Yellow Ribbon）	如果教育补助无法覆盖学费和生活费，高校可以自愿加入黄丝带项目，与退役军人平均分摊剩余需要支付的学费和生活费
转移	已经服役6年并且至少还有服役4年的军人将18~36个月的教育补助转移给配偶或者子女

从2009年开始，已经有超过35万的退役军人通过这项教育补助法获得了高等教育的证书和学历。2017年，国会再次对教育补助法案进行修订，通过了新的《哈利·科尔梅利退役军人教育援助法案》（the Harry W. Colmery Veterans Educational Assistance Act），也被称为Forever GI Bill。该法案主要有以下五个方面的内容：①

第一，取消了时效限制。按照之前的法律，退役军人必须在15年内使用教育补助，新法取消了这一限制，2013年之后退役的军人不再有这个限制。

第二，扩大了覆盖范围。法律将教育补助扩展到了海岸警备队和预备役。此外，获得紫心勋章（purple heart）的士兵，无论服役时间多久，都能获得最高额的教育补助。

---

① 5 new educational opportunities for veterans provided by the GI Bill, https：//www.cnbc.com/2017/11/10/5-new-educational-opportunities-for-veterans-provided-by-the-gi-bill.html.

第三，大学关闭后的帮助。如果退役军人原来就读的学校因为各种原因倒闭，退役军人事务部将提供包括转学等方面的协助。

第四，对 STEM 项目的特别补助。STEM 专业是由科学（S）Science、技术（T）Technology、工程（E）Engineer 和数学（M）Mathematics 四大类学科组成的专业的总称。如果退役军人在高校就读的是 STEM 学科，可额外获得 9 个月的教育补助。此外，如果学生就读的是国家所急需的专业，也会得到额外补助。

第五，如果学生参加勤工助学项目，[①] 包括在退役军人医疗中心的工作，也会获得额外的补偿。

（七）家庭贷款担保

退役军人事务部的家庭贷款担保项目将帮助符合条件的退役军人购买住房（home）、集合式住宅（condominium）和移动屋（manufactured home）[②]，并为房贷融资。该贷款担保具体用于以下 6 个用途：第一，购买或者建造该房屋；第二，购买居住型的集合式住宅；第三，修理、更改或者改善退役军人拥有并用于居住的住房；第四，为已有住房贷款提供再融资；第五，购买移动屋；第六，安装太阳能供暖或者冷却系统，或者其他节能改进设备。

家庭贷款担保可以让出售方为购买者提供更好的购买条款：第一，只要销售价格不超过评估价格，购买者不需要支付（分期付款中的）首付款（down payment）；第二，不需要支付按揭保险金；第三，被收取的过户结算费（closing costs）数额受到退役军人事务部相关规定的限制，这笔费用也可能由卖家支付；第四，如果提前还清贷款，卖家不会要求支付罚金；第五，如果还贷款出现困难，退役军人事务部还会提供帮助。一般来说，退役军人事务部不会为住房贷款的担保总额设限，

---

① 即 work study，是校园内的工作，类似于图书馆管理员。
② 移动屋又称为 mobile home，指的是先在工厂预建的房屋，而不是在居住地兴建的。通常移动屋的屋主会以拖车带，将移动屋搬托到他们将要居住的地方。

但是通常的担保额就是所需购买房屋的价值。

获得者需要支付基金费（home loan guaranty funding fees），即贷款额的一定比例，来补偿未来可能与贷款有关的成本。特殊情况下，基金费可以被豁免，比如，退役军人因为执行任务而残疾，不同群体之间的基金费用也不同。

在住房贷款担保方面，比较复杂的是适用群体。[①] 首先，对于参加第二次世界大战和越南战争的退役军人，只要服役超过 90 天并且不是以不荣誉的情况退役，或者服役少于 90 天但是在执行任务时因伤致残，都可以获得。对于参加海湾战争，需要 24 个月的服役，或者执行至少 90 天的任务，或者服役少于 90 天但是在执行任务时因伤致残。如果服役超过 90 天但是未满 24 个月，则需要满足以下条件：①服役条件艰苦；②为了政府方便；③军队裁员；④特殊医疗情况。

其次，在和平年代，必须连续服役满 181 天，或者连续服役少于 181 天但是在执行任务时因伤致残。另外，如果在预备役或者国民警卫队服役超过 6 年并且以荣誉身份退休，在一定条件下也可以获得。

最后，部分配偶也能获得住房贷款担保。军人因为执行任务死亡或者因为与服役有关的伤病死亡，配偶可以获得住房贷款担保。如果配偶再婚，则无法获得，但是原配偶是在 57 岁之后再婚，仍然可以获得。

（八）人寿保险

为了保证退役军人能够在退役后更好地享受生活，提高其生活的安全感和生活质量，美国退役军人事务部为退役美军提供了较为优惠的人寿保险项目，并且针对退役军人的不同需求设计了不同层次的保护程度的保险项目，美国军人可以在服役时或退役时根据自身需要选择加入不同的保险项目，以保证退役后自己和家人的生活不受特殊风险的影响。美国退役军人的人寿保险主要包括以下几种：

---

① 参见 https：//www. benefits. va. gov/homeloans/purchaseco_eligibility. asp.

1. 退役军人人寿保险（veterans group life insurance, VGLI）

对于那些在服役期间加入了在役军人人寿保险项目的（servicemembers' group life insurance, SGLI）[1] 的军人，如果想在退役之后继续享受和服役时相当的保险待遇水平，那么可以选择在退役后加入退役军人人寿保险项目。只要按时足额缴纳保费，退役军人可以终生享受退役军人人寿保险。退役军人人寿保险的最高承保金额可达 40 万美元，和该退役军人在役期间保险（SGLI）的最高承保金额相当。

如果想要加入退役军人人寿保险，必须在退役前的 1 年零 120 天之前申请。另外，该保险项目还规定，如果是退役前 240 天加入该保险，加入者可以不必接受身体健康检查，即对这一时期加入保险的待退役军人没有身体健康证明的要求；如果是在这一时间段之后申请加入该保险，则需要接受身体健康程度检查，如果存在特定的健康问题（如癌症、心脏病、糖尿病等），则有可能会被拒保或提高保费。[2]

退役军人人寿保险的保险费率主要由退役军人的年龄决定，年龄越大，保费越高。保费按月缴纳。根据 2014 年 7 月 1 日通过的最新保费修订政策，一名年龄在 29 岁以下的退役军人每月的保险费是 32 美元，保险金额为 40 万美元；而同样条件下，一名 60 岁的退役军人每月保费为 432 美元；75 岁以上的退役军人每月的保费可达 1 840 美元。[3]

2. 退役军人残疾保险（service-disabled veterans insurance, S-DVI）

如果美国军人因为服役的原因而被认定为残疾，可以在退役时选择加入退役军人残疾保险。该保险项目的保险金最高可达 10 000 美元，特殊情况下可以增加至 30 000 美元。

申请加入退役军人残疾保险必须满足特定的条件：①1951 年 4 月 25 日之后退役；②被认定为因服役而残疾；③除了被认定的残疾外，没有其他健康问题；④在被认定为残疾后 2 年内提出申请；⑤非因违法

---

[1] 关于美国在役军人保险项目的具体情况，可参见 https：//benefits. va. gov/INSURANCE/ sgli. asp.

[2] 参见 https：//benefits. va. gov/INSURANCE/uninsurable. asp。

[3] 参见 https：//benefits. va. gov/INSURANCE/vgli_rates_new. asp.

或违纪等情形被迫退役。

对于被认定为完全残疾的退役军人，可以申请免除保费。

3. 退役军人按揭保险（veterans' mortgage life insurance，VMLI）

为了防止因严重残疾的退役军人去世而导致其家人无力承担到期的房屋按揭贷款，美国退役军人事务部提供了退役军人按揭保险，帮助解决退役军人去世后其家人能够有能力偿还按揭贷款并继续居住在原有房屋中。

申请退役军人按揭保险需要同时满足以下条件：①其所居住的房屋是通过房屋调适基金（specially adapted housing grant）的赞助建造、修缮或购买的；②退役军人对该房屋拥有产权（title）；③为该房屋办理了按揭贷款。另外，退役军人必须在其70岁生日以前申请退役军人按揭保险。

退役军人按揭贷款保险金的最高金额为20万美元。保险金直接支付给房屋的抵押权人（如银行或抵押公司），而非保险受益人；支付的保险金额等于未偿还的到期按揭款。应当注意的是，退役军人按揭保险的性质是"递减定期保险"（decreasing term insurance），其保单价值随着未偿还的贷款金额的减少而降低。退役军人按揭保险没有现金价值，也没有剩余保险利益可以继承。

（九）防自杀

2016年，退役军人事务部精神健康和防自杀办公室发布了一份关于退役军人自杀的报告。该报告整合了2001年到2014年退役军人自杀的情况。报告指出，在2014年，平均每天都有20名退役军人自杀，并且20人中有6人还曾经享受过退役军人医疗系统的服务。2014年，美国国内成年人自杀的人数中，退役军人自杀的比例占到了18%，而退役军人只占全国人口的8.5%。

一般认为，有3种影响自杀的因素在退役军人中比较常见。第一个因素是创伤后应激障碍（post-traumatic stress disorder，PTSD），它是指个体经历、目睹或遭遇到涉及自身或他人的实际死亡，或受到死亡的威胁，或严重的受伤，或躯体完整性受到威胁后，所导致的个体延迟出现和持续存在的精神障碍。第二个因素是创伤性脑损伤（traumatic brain injury，TBI）。TBI 由意外事故引起，比如，伊拉克战场上的爆炸就会引起 TBI。患有创伤性脑损伤的病人会出现头痛、记忆力减退、注意力不集中、疲劳、情绪变化、意识丧失、头晕、精神错乱以及更多其他症状。第三个因素是抑郁症。事实上，很多退役军人同时患有抑郁症和 PTSD 或者 TBI。以上因素均会导致退役军人的自杀率居高不下。

目前，防自杀的应对措施主要有扫描诊断、防自杀热线、公共教育及其他、荣誉纪念等。

1. 扫描诊断

对退役军人的精神情况进行扫描，能识别退役军人可能患有的精神或者情感上的疾病，帮助心理医生分析退役军人的自杀倾向。扫描的项目包括抑郁症、PTSD 以及酒精滥用的情况。并且，对于抑郁症和酒精滥用的扫描要求一年一次，而对 PTSD 的扫描要求 5 年一次。如果在扫描中退役军人被发现存在心理疾病，则被要求接受心理的临床评估，包括自杀风险评估。如果评估结果确认存在精神病或者自杀倾向，退役军人将被要求接受治疗。

2. 防自杀热线

防自杀热线是退役军人事务部提供的热线，只要拨打热线 1-800-273-TALK，然后按下"1"键，就能接通事务部的热线电话中心，拨打电话者可以和精神健康专家对话。这些专家都拥有专业证书。

在紧急时刻，热线电话中心会通知当地的警察局或者医院急诊部门去确认拨打电话的退役军人的安全。在其他情况下，热线电话中心也会将情况转发给最近的退役军人医疗中心，作下一步的检查和治疗。

3. 公共教育及其他

防自杀，公共教育也是重要的一环。2007 年 4 月，退役军人事务部在所有医疗中心举行了预防自杀日活动（suicide prevention awareness day），旨在唤起公众的意识，帮助识别退役军人的自杀倾向，以及处理危机的治疗方案。之后的预防自杀日活动还增加了对医学中心全体人员进行培训等内容。

此外，退役军人事务部还在每个医疗中心增加了防自杀协调人（suicide prevention coordinator）。他们的主要任务是帮助医务人员识别有高度自杀倾向的病人，确保医务人员加强对这些人员的监视和治疗，以及帮助医疗中心以及一些社区进行防自杀的教育和培训。

4. 荣誉纪念

除了对退役军人提供上述物质性的优抚措施外，美国退役军人还享有一系列的精神荣誉，这些精神荣誉主要给予那些因服役而牺牲的美国军人，主要内容包括丧葬补贴、国家举办葬礼、提供军人公墓等。

对于牺牲军人的家属，美国退役军人事务部会补偿其为安葬军人所支出的葬礼花费。该补贴直接支付给牺牲军人的配偶或其他为葬礼支付费用的人。此外，如果牺牲军人的家属选择由军队负责安葬，美国共有136个国家公墓，用于埋葬因服役牺牲的美国军人。这些公墓由美国政府直接管理，公墓提供墓碑、墓志铭、国旗等，并负责日常的管理和维护。对于葬入国家公墓的牺牲军人，还会获得一份由总统签署的纪念证书，一同葬入公墓。

三 退役军人福利申请及争议处理程序

（一）申请和争议处理程序

关于退役军人福利，一般退役军人通过政府网站的 E-benefit 系统申请即可，或者到当地机构咨询并办理。

如果退役军人对福利的金额有争议，应该首先向退役军人事务部的地方办公室提出异议，如果对地方办公室的处理结果不服，可以向退役军人上诉委员会（The Board of Veteran Appeals，以下简称"上诉委员会"）申诉。如果对上诉委员会的决定不服，可以继续向退役军人巡回法院（United States Court of Appeals for Veterans Claims）上诉。如果对巡回法院的决定仍然不服，最后可以上诉到最高院。最高院的判决将是最终决定。

退役军人向地方办公室提出申请时，除个人信息外，申请者还需要提供初步的证据，如服役记录或者退役后的治疗记录，这些记录能帮助证明申请者的诉求。地方办公室在受理申请后，将审核申请材料，并对各个诉求进行判定。如果任何一个诉求被地方办公室否决，申请人必须在一年内向地方办公室递交不同意声明（notice of disagreement）。作为对不同意声明的回应，地方办公室将重新评估申请人的诉求，如果依然否决，那么地方办公室将出具一份案件声明（statement of the case），对否决决定提供更详细的解释。

如果申请人对决定不服，可以上诉到上诉委员会。上诉委员会会对诉求作出判决。如果对上诉委员会的判决不服，申请人仍然有三个选择：第一，请求上诉委员会重新考虑判决结果；第二，请求委员会对清楚和明显的错误进行重新审查；第三，向退役军人巡回法院上诉。

有别于地方办公室和上诉委员会，退役军人巡回法院更强调退役军人与退役军人事务部门的"对抗"。如果退役军人对巡回法院的决定仍然不服，除了提交上诉通知（notice of appeal）要求巡回法院重新考虑判决结果之外，还可以向最高院起诉。

（二）社会协作

美国一直以社团发达而著称，在退役军人问题上，也有很多非政府组织（NGO）从各个方面帮助退役军人。其中最著名的当数美国退役军人协会（American Legion）。该组织于 1919 年 3 月 15 日由美国远征军作战及勤务部队的代表在法国巴黎成立，曾经对于 GI Bill 的制定作出了很大的贡献。[1] 现在，除了继续在国会为了退役军人的利益进行立

---

[1] 具体过程参见 Mettler, S.：The creation of the GI Bill of Rights of 1944：Melding social and participatory citizenship ideals，*Journal of Policy History*，2005，17（4）：345-374.

法游说之外，该组织还在退役军人医疗、就业等领域做了大量协助工作。

2009 年，为了提高退役军人事务部的服务质量并促进其发展，进一步整合非政府组织的社会协作，退役军人事务部发起了一个非政府组织网络计划（NGO Gateway Initiative）。根据该计划，非政府组织从事协助退役军人雇佣、高等教育、护理、重新融入社会等工作时，退役军人事务部将提供一定的协助，包括提供内容咨询、提供相关数据、分享机会等。以帮助退役军人重新融入社区为例，退役军人事务部在这方面已经有《职业康复和就业法》（*Vocational Rehabilitation and Employment*）来帮助因战争而残疾的退役军人获得工作岗位。而非政府组织也将帮助满足退役军人的其他各种需要，作为退役军人事务部工作的一个重要补充。[1]

四 疑难问题

（一）退役军人医疗系统私有化

退役军人事务部拥有一个庞大的医疗系统，用于退役军人就诊。而这几年讨论比较激烈的是：是否让退役军人在既有的系统外，拥有自己选择医疗系统的权利。

2014 年，退役军人医院爆出一系列丑闻。1 月，媒体报道至少有 19 名退役军人在多家退役军人医院因为诊疗（即使是非常简单的医疗筛选，如结肠镜检查）被耽误而死亡；4 月，有退役军人医院内部人士爆料称，在亚利桑那州的凤凰城退役军人医疗中心，至少有 40 名退役军人在漫长的等待诊疗的过程中死亡。[2] 因此，2014 年，美国推出了退役军人医疗选择项目（choice program）。退役军人可以拨打退役军人医

---

[1] How VA Collaborates with NGOs, https：//www.blogs.va.gov/VAntage/883/how－va－collaborates-with-ngos/，2018-08-12.

[2] 参见 A fatal wait：Veterans languish and die on a VA hospital's secret list, https：//www.cnn.com/2014/04/23/health/veterans-dying-health-care-delays/index.html.

疗选择项目中心的电话，如果符合如下其中一个条件，即可预约非退役军人系统的医生：第一，当地的退役军人医院明确告知，可以预约的医生都已经排期到至少 30 天以后；第二，最近的退役军人利益医疗中心（包含以社区为基础的门诊临床机构）离退役军人的住所至少 40 英里；第三，需要坐飞机或者乘船才能前往最近的退役军人医疗中心；第四，因为地理、环境或者身体情况，前往最近的退役军人医院会增加过度的负担；第五，一个地区没有提供门诊、急诊和手术服务的意愿，并且离最近的退役军人医院至少 20 英里。2018 年，美国国会通过了 VA Mission 法案。该法案将使退役军人更加方便地去选择私人医生。[①] 另一件令人瞩目的事件是，时任退役军人事务部的 Shulkin 因为不愿意推动让退役军人拥有更多选择权而被特朗普总统解职。[②]

当然，在学术界和舆论场，关于是否给予退役军人更多选择的讨论也非常多。支持者认为，给予退役军人更多选择能使退役军人避开长时间的医疗等待，只要其他医院愿意，退役军人就能获得及时的治疗。一项由 Concerned Veterans for America & Tarrance Group 完成的针对 1 000 多名退役军人的民意调查表明，88% 的受访者认为应该给他们选择医疗服务的权利。高达 95% 的人同意，即使医疗服务来自非退役军人医院，拥有选择最好医疗资源的权利仍是非常重要的。[③]

批评者则列出了以下几个忧虑：

一是私人的医疗机构提供者是否有能力消化这么多的退役军人。以 Rand Corporation 的报告为例，这份报告考察了纽约州的私营医疗机构

---

① 这个法律还包含其他的内容，比如，建议哪些退役军人医院值得修理、哪些地方需要新建医院，以及哪些地方的医院可以关闭并且让私人医疗机构代替原有职能。法律同时还提供了多项激励措施，帮助退役军人事务部雇佣更多的医疗服务提供者。参见 Trump signs VA law to provide veterans more private health care choices，https：//www.usatoday.com/story/news/politics/2018/06/06/trump-signs-law-expanding-vets-healthcare-choices/673906002/，2018-08-11.

② 参见 Privatizing Health Care for Veterans Doesn't Add Up，http：//prospect.org/article/privatizing-health-care-veterans-doesn%E2%80%99t-add，2018-08-11.

③ Avik Roy，Veterans Should Enjoy the Same Health Care Options as all Americans，https：//www.nytimes.com/roomfordebate/2016/06/28/should-the-veterans-health-care-system-be-privatized，2018-08-11.

是否有能力准备好处理 80 万退役军人的医疗服务需求。报告显示，目前仅有 2% 的私营机构能向退役军人提供及时并且有质量的医疗服务。①

二是对私人医疗机构针对退役军人医疗质量的疑虑。首先，退役军人相比一般的病人，年纪更大，病情也更复杂，特别是很多伤病是在战场中遭遇的不幸，普通医生不一定有相关的知识储备。其次，如上所述，退役军人的自杀率比较高。现在退役军人医院已经采取了一些措施，比如安排受过专业训练的防自杀协调人来帮助医院处理自杀风险较高的退役军人。这也能解释为什么从 2001 年到 2014 年，在退役军人医院治疗的退役军人自杀率只有 5%，而没有在退役军人医院治疗的退役军人，自杀率高达 38%。②

三是私人诊疗机构本身的弊端。私立机构追求盈利，可能存在为了盈利而限制或者拒绝治疗的情况。一些州在实行 Medicaid 私有化后出现医疗质量下降的问题，需要引起退役军人事务立法部门的重视。③ 相比之下，退役军人医院的退役治疗接近终身制，这使得退役军人医院更能选择从长期健康的角度选择诊疗方案。毕竟退役军人医院没有盈利压力，更能从病人的角度出发考虑问题。④

（二）案件大量积压

退役军人的另一个热点问题就是争议案件太多，形成了一个"堰塞湖"，导致很多退役军人的申请被延迟，对退役军人不利。根据 2017 年的一个报道，当时退役军人事务部正在处理的申请有 34 万件，有

① Suzanne Gordon, Studies Show Private-Sector Providers Are Not Ready to Care for Veterans, http：//prospect. org/blog/tapped/studies-show-private-sector-providers-are-not-ready-care-veterans, 2018-08-11.

② Suzanne Gordon, Studies Show Private-Sector Providers Are Not Ready to Care for Veterans, http：//prospect. org/blog/tapped/studies-show-private-sector-providers-are-not-ready-care-veterans, 2018-08-11.

③ Privatizing Health Care for Veterans Doesn't Add Up, http：//prospect. org/article/privatizing-health-care-veterans-doesn%E2%80%99t-add, 2018-08-11.

④ Philip Longman, The Veterans Health Care System is Being Unfairly Attacked, https：//www. nytimes. com/roomfordebate/2016/06/28/should-the-veterans-health-care-system-be-privatized, 2018-08-11.

8.3 万件处于积压状态,这也意味着申请者必须等待 125 天以上才能得到申请结果。①

造成案件处理拖延的原因有三:第一,案件量大幅上升。案件数量上升和战争息息相关。1999 年之后,美国接连发动了阿富汗战争和伊拉克战争。相应地,退役军人大量增加,退役军人的福利申请也大幅增加,迅速增加的申请导致退役军人事务部积案数量上升。2011 年,退役军人事务部受理了 130 件申请,比 2001 年的案件数量翻了一番,但是即使该部门从 2008 年开始已增加了 4 000 名新员工,依然只处理了 80% 的申请。② 比如,36 岁的海军退役军人 Art Davis 2009 年退役后就开始申请 PTSD 和其他疾病的补偿金以及其他福利;6 个月后,他获得了每个月 1 100 美元的补偿金和 GI Bill 提供的教育补助;2012 年,他为自己的妻子和三个孩子申请福利,然而 450 天之后,他仍然在等待。③

第二,退役军人福利发放的出错率较高。2013 年的一份报告指出,当年没有处理的退役军人福利诉请超过 125 天的有 584 308 件,而处理过的申请,正确率是 88.9%。2017 年,来自美国政府问责局(Government Accountability Office)的一份报告更是指出,接近一半的案子会出现各式各样的错误,导致当事人不得不上诉到退役军人委员会,有些仅仅是为了修正排印错误。④

第三,制度本身的原因。按照法律规定,只要福利处理有一点错误,当事人必须通过上诉解决。上诉委员会也必须将复杂的案件先重审一遍再定夺。这也导致上诉过程进行得非常缓慢,大量案件积压。⑤

① In Reno, Trump signs bill to overhaul VA appeals process, https://www.stripes.com/in-reno-trump-signs-bill-to-overhaul-va-appeals-process-1.484155, 2018-08-12.

② Veterans Wait for Benefits as Claims Pile up, https://www.nytimes.com/2012/09/28/us/veterans-wait-for-us-aid-amid-growing-backlog-of-claims.html, 2018-08-12.

③ VA Backlog Reform is Difficult But on Track, Secretary Eric Shinseki Says, https://www.huffingtonpost.com/2013/05/22/va-backlog_n_3312744.html, 2018-08-12.

④ Veterans Claiming Disability Pay Face Wall of Denials and Delays, https://www.nytimes.com/2017/11/13/us/veterans-affairs-department-benefits-delays.html, 2018-08-12.

⑤ Veterans Claiming Disability Pay Face Wall of Denials and Delays, https://www.nytimes.com/2017/11/13/us/veterans-affairs-department-benefits-delays.html, 2018-08-12.

目前，退役军人事务部拟从两方面来解决问题：一方面，为了加快处理步伐，行政机构推动了网上申请，将安装最新的退役军人福利管理系统（veterans benefits management system，VBMS），有260万退役军人可以使用该系统来递交申请并查看处理进度。另一方面，上诉机制将进行适度改革。根据2017年的《美国上诉改进和现代化法》（*Veteran Appeals Improvement and Modernization Bill*），上诉的案件将被分流。首先，如果仅仅是更正简单的错误，那这类案件将进入一个快车道。而复杂案件将由经验丰富的专家在地方一级进行审查。其次，退役军人还可以把案件上诉到独立的上诉委员会，上诉委员会承诺将雇佣更多的专家，力争在4个月内解决每一个上诉案件。

▶▶▶▶▶▶ 第 三 章 ◀◀◀◀◀◀

英国军人优抚保障制度

　　长期以来，英国一直都保持着一支建制完整、历史悠久的军队，并拥有一套系统完备的优抚制度来为现役军人提供福利，为大量的军属、烈属和退役军人提供服务，为退役军人提供比较优厚的待遇和社会地位。数百年以来，英国以完善的立法体系为支撑，以健全的薪酬福利待遇和社会上普遍的对军人的尊重为保障，逐渐形成了一套行之有效的退役军人优抚制度，包括国家的武装力量福利体系、退役军人优抚制度和广泛的社会公益慈善服务体系。近年来，武装部队、福利社会和全面参与的优抚工作逐渐出现各种新的问题，军人优抚工作也面临新的挑战。本章将具体分析英军退役军人的优抚制度，特别是全民福利和社会参与下优抚制度取得的成绩和面临的挑战，以及存在的问题和今后的改革方向。

第一节　英国军队情况概述

一　英国军队简介

　　英国皇家海军起源于都铎王朝，陆军则源于英国内战，两者共同构成了现代英国军队的前身。历史上，英国组建了世界上第一支坦克部队，并最先将其应用于战争，同时也是世界上第一个成立空军的国家。英国还是世界上第三个拥有核武器的国家，不仅在军事技术上长期保持领先地位，而且拥有典型的现代军队，产生了像利德尔·哈特等出色的军事思想家，涌现了威廉·约瑟夫·斯利姆等一代名将。

英国的军事力量由正规军和军事部队组成。目前，英国军队由陆军、海军和空军三大军种组成，陆、海、空各军种保持相对的独立性。海军委员会、陆军委员会和空军委员会及其办事机构——执行委员会，主要负责本军种的训练、演习、武器需求和行政管理。各军种参谋长通常向国防参谋长汇报工作，在特殊情况下，也可向国防大臣直至首相汇报工作。陆军和空军还要受欧洲盟军最高司令的调遣。在军队指挥体制方面，英国军队的最高指挥权由英国首相掌握，首相通过设立在国防部的指挥中心和各军种司令部的司令官军实施作战指挥。英国军队拥有联合王国地面部队司令部、（海军）舰队司令部、本土海军司令部、海军航空兵司令部、海军陆战队司令部、空军攻击司令部、空军支援司令部等多个司令部。这些司令部根据需要组成司令委员会，具体指挥和协调各司令部之间的作战行动。此外，根据战争需要，英军还会临时组建联合作战司令部。联合作战司令部的主要任务是制订英军的整体作战计划，指挥和协调陆、海、空三军的作战行动，监视战区战争的发展动态。

二　英国军队制度的发展历程

英国的兵役制度从古至今大致经历了三个时期：第一个时期实行的是全民兵役制度，从公元 8 世纪到 17 世纪中叶。在撒克逊时期，英国建立了国民军，由全国人口中有劳动能力的男子组成，平时种地，战时奉王命集中起来保卫家园。1066 年，威廉统治英国后，建立了全民兵役制，当国家面临战争威胁时，全国男性公民都必须拿起武器，保卫祖国。进入 16 世纪后，都铎王朝进行了军事改革，进一步完善了全民兵役制，在英伦三岛设置了一名军事长官，平时定期召集本岛男子，检查武器和马匹，战时带兵打仗。第二个时期实行的是募兵制与征兵制混用，从 1648 年建立常备军到 1960 年废除征兵制。1645 年，克伦威尔创立了常备军，经过约克公爵改革和卡德韦尔改革，英国常备军制度进一步完善。第三个时期实行的是全志愿兵役制。这一时期，英国建立并逐步完善了全志愿兵役制。1960 年停止实施义务兵役制，1962 年开始实施全志愿兵役制，使英军成为完全由志愿兵组成的职业化军队。[①]

三　英国军队信息化建设情况

在未来战争中，信息战将成为一种主导作战模式。为了打赢信息战，并与装备战场信息管理系统和信息化武器系统的北约盟国军队实施联合作战，英军采取了多种措施，以推进数字化建设。

(一) 成立相应的组织机构

1995 年 10 月，英军成立了第一个数字化机构——地面指挥信息系统作战需求办公室。该办公室主任是一名准将军官，其主要职责是：统一规划战场探测器材、通信设备和各种指挥信息系统的研究与发展，确保系统的标准化和通用性；对将被"嵌入"武器系统的信息装置的研制工作实施监督，对"非机动式指挥信息系统"发展计划的实施进行协调。英军下一步将成立的数字化机构有两个：一个是数字化军事工作组，其成员为通信系统和指挥控制系统计划项目的负责人，将代表用户对要发展的系统进行审查和评定；另一个是卫星系统综合委员会，下辖陆军指挥信息系统处和地面系统审查中心，其主要职责是对发展各种信息系统提供保障和检验论证。

(二) 制定军队数字化总纲

1996 年初，英国国防部已颁发指导陆军部队逐步实现数字化的"英国陆军数字化总纲"。根据该总纲，英国陆军将分三个阶段逐步实

---

① 世界军事发展及英国军事制度，https：//wenku. baidu. com/view/0855565ce45c3b3567ec8b54. html。

现数字化。1997—2001 年为第一阶段，这一阶段将首先在作战师的范围内从纵向上，即从师司令部直到各基层分队的作战平台都配备信息系统；然后在作战旅的范围内，装备更多的"贴花"式战场管理系统。此间还要做两件事：一件是指定一个旅担负对某些信息系统进行大量装备部队前的检验性实验任务；另一件是对"贴花"式系统进行演示试验，以确定发展何种作战平台上的一体化指挥控制系统。为了解决系统的通用性问题，英国将派代表到美国、德国、法国或瑞典去学习。第二阶段为 2001—2007 年。在这一阶段将全面建成战场信息系统共用基础设施，有更多的"贴花"式系统进入战斗支援部队和战斗勤务支援部队，作战平台将装备一体化指挥控制系统。第三阶段是 2007—2014 年，这一阶段使陆军的所有作战部队全部装备战场管理系统，陆军全部实现数字化。具体包括：对正在研制的系统的"全面审查"计划、战场信息系统共用基础设施建设计划、战场信息系统应用计划、作战平台一体化指挥控制系统研制计划、通信系统开发计划和技术保障计划六项数字化计划。

第二节　英国退役军人优抚制度

一　英国退役军人优抚制度的组织架构

英国的退役军人事务由国防部负责。英国国防部下属的国防事务公共机构（Defence Business Services，DBS）中的英国退役军人局（Veterans UK）是退役军人福利的主要责任部门。英国退役军人局的前身是军队人事管理处与退役军人局于 2007 年合并成立的现役与退役军人局（Service Personnel and Veterans Agency，SPVA），为退役军人提供军人退休金、补偿金计划，热线服务电话以及福利支持。英国国防部只负责退役军人相关政策制定和行政监督，退役军人日常服务全部由政府相关部门和慈善机构、非政府机构承担。英国国防部设有一名负责管理退役军人事务的副部长，具体监督管理英国退役军人事务工作；执行机构是国防事务公共机构。国防事务公共机构是英国政府的三大共享服务机构之一，也是欧洲最大的政府共享服务机构之一。英国退役军人局是国防事务公共机构下属的业务部门。英国退役军人局负责管理和提供军人退休金和受伤/丧亲之痛赔偿计划（包括战争赔偿金），直接为超过50万的退役军人和家属提供支持，包括为在伊尔福德公园波兰之家的90多名波兰退役军人提供服务。同时，英国退役军人局还与慈善部门合作，为退役军人提供合作服务，并为退役军人开通了帮助热线。据统计，英国退役军人局负责的退役军人福利部门每年为9 800名退役军人及其家属提供家庭福利走访，并通过电话为他们提供专门的福利建议。① 虽然没有专门机构负责退役军人事务，但由于法律制度齐全，英国退役军人的各项事务及保障落实比较到位。

二　英国退役军人优抚制度概况

作为西欧主要军事国家之一，英国为庞大的军人群体建立了一个相对集中和简单的优抚体系，由国防部的英国退役军人局（Veterans UK）负责管理。这个体系最大的特点就是以各类法律法规为主导，广泛依靠社会福利和全民参与，而并非由政府扮演唯一的角色。英国拥有庞大、全面的社会保障制度，涵盖育儿、工作、健康、伤残、养老、住房等各个方面，健全的社会保障体系的存在使得除一些特殊待遇（如武装部队伤残金、武装部队养老金和军人住房福利）之外，正常的社保体系和公共卫生系统可以承担退役军人优抚的大部分工作。此外，退役军人优抚工作也得到社会各界的广泛参与，在人力、物力和财力方面都是对公共资源的极大补充。除国家投入之外，退役军人优抚的相当一部分职能是依托于其他的社会保障机构以及社会慈善机构和公益保障组织来实现的。

---

① 中华人民共和国退役军人事务部–走近英国退役军人管理机构：http：//www. mva. gov. cn/fuwu/xxfw/wgtyjr/201807/t20180721_14009. html。

2005 年，英军开始实行新的"军队退休及退役津贴计划"（Armed Forces Pension Scheme 2005）。按照该计划，英国军人可享有以下福利：退休津贴（55 岁退休人员）、退役津贴（55 岁以前退役人员）、医疗补贴（因病退役人员）、身故后受赡养人补贴（有受赡养人的人员）、身故后指定受益人补贴（无受赡养人的人员）。所有津贴的起算标准均为退休或退役前 3 年内连续 365 天最高工资，即"津贴起算年工资"（pensionable earnings，PE）。英国军人退休后可以领取退役津贴。第一次领取退役津贴时，可一次性领取额外的 3 年退役年津贴。对于在军队中受伤或死亡的军人和在战时受伤或死亡的平民，英国政府提供战争抚恤金和服役养老金等，一方面保证他们有一定的生活水平，另一方面也体现褒扬、优待和抚恤的性质。如战争抚恤金规定，一个全部丧失生活能力的士兵每周发给 38 英镑的基本养老金，对其妻子儿女还可另发津贴。

英国军人优抚资金主要有三个来源：第一个来源是财政支付的武装部队经费，支付部队养老金开支、抚恤金、赔偿金、卫生健康等直接给现役和退役军人及家人的费用，由国防部退役军人局管理。2022—2023 财政年度国防开支约为 555 亿英镑，其中 4.62 亿英镑支付给 8.24 万伤残退役军抚恤养老金，1.45 亿英镑支付给牺牲军属抚恤金，另外，当年有 47.87 万人享受武装部队养老金或抚恤金①。第二个来源是财政拨付的社会保障和卫生机构资金，包括退役军人可以参加的国家养老、全民医疗、各类全民福利等。社会保障资金主要来源于国家保险金和财政税收。2022—2023 年度政府开支总额为 1.087 万亿英镑，其中最大一部分就是社会福利保障和养老金支出，约占总额的 20.49%，达到 2 227 亿英镑；医疗卫生开支的总额为 1 679 亿英镑，占 15.45%②。第三个来

---

① War Pension Scheme, Annual Statistics, Ministry of Defence, 6th July 2023. https：//assets. publishing. service. gov. uk/media/64a2a3d145b6a200123d4724/20230626-War_Pension_Scheme_Statistical_Bulletin_March_23. pdf

② A brief guide to the UK public finance 2023. Briefguide SS52. Office for Budget Responsibility. https：//obr. uk/docs/dlm_uploads/BriefGuide-SS22. pdf

源是民间筹资，主要是各类慈善组织的筹款，为支持退役军人、加强社会救助提供了大量的资金和资源。

第三节　英国退役军人优抚待遇

英国退役军人的优抚待遇主要包括军人特有的福利待遇，涵盖养老金、抚恤金、伤残补助、住房医疗、工作教育等方面。英国退役军人的优抚待遇分三种：第一种是军人的退休金、赔偿金制度；第二种是出现退役时的转业安置；第三种是退役之后的优抚待遇。英国法律规定，退役军人包括所有曾经在武装力量、后备役或在军事征用的民用船只上工作过 1 天以上的人员。根据英国内阁办公厅退役军人署 2020 年的资料显示，全国有大约 240 万退役军人，其中 60% 年龄在 65 岁以上。[1]

一　英国退役军人的养老金、抚恤金待遇

目前英国军人的正常退休年龄为 60 岁，但服役期满 20 年、年龄在 40 岁以上的也可以提前退休，领取养老金。养老金待遇与其平均工资挂钩，涵盖正规部队和预备役部队的军人，并基于无缴费养老金原则，即由国防部全额缴费，官兵个人无须缴纳任何费用；部队退休金也遵循比较优厚的"收益确定制度"，可以随时计算退休时的收益，属于稳定安全的养老金项目。[2] 部队养老金金额为军人各年度四十七分之一的平均工资乘以服役年限。[3] 英国政府规定，服役 16 年或服役到 38 岁以上

---

① Office for Veteran's Affairs, Cabinet Office, Veterans Factsheet 2020. https：//assets. publishing. service. gov. uk/media/5e79ebdad3bf7f52f9ee0b42/6. 6409 _ CO _ Armed - Forces _ Veterans - Factsheet_v9_web. pdf

② 参见 Thurley D. Armed Forces Pensions-2015. Briefing Paper, No. SN05891, 24 August 2015, House of Commons. https：//researchbriefings. parliament. uk/ResearchBriefing/Summary/SN01151.

③ 参见 UK Ministry of Defence. 2015. The Armed Forces Pension Scheme 2015：Your Pension Scheme Explained. https：//www. gov. uk/government/publications/armed - forces - and - reserve - forces - pension-schemes-guidance-booklets.

的军官，按月领取的退休金数额一般相当于原薪的 28% ~ 50%。但退休金远高于这个比例。服役 5 年以上不足 16 年者，享受小额的"提前退休金"，并一次性发给本人相当于 3 年工资的退休金，所有退休金均免交所得税。其中，服役 9 年以上者，在离队时可得到一笔搬家费用；服役不满 5 年者，不享受任何待遇。服役期间表现优异的军官，退役时可晋升一级。① 军人如希望在退休或退役后获得更多的津贴，可自行购买"额外年限"（added years），但金额不能超过"津贴起算年工资"的 15%，总计算年限不能超过 40 年。

除以上津贴外，退役军人也可以申请以下几种军队相关福利：第一种是专门为军人提供的"武装部队个人独立津贴"，为因服役受伤的退役军人提供额外的经济资助，符合条件的人员为所有领取 50% 或以上"保证收入津贴"的军人，目前的额度是每周 141.10 英镑。第二种是军人亡故抚恤金及优抚制度。退役军人在结束现役 7 年之内亡故的，或在 7 年之外亡故但死因与服军役有关，其受益人将得到一份亡故抚恤金，家庭成员可以享受退休金待遇。同现役军人一样，亡故退役军人提名人或配偶将享有一份终身退休金。

二 因公受伤治病、致残或死亡待遇

对于在服役期间因公受伤致病、致残或死亡，英国政府提供战争抚恤金和服役养老金等，一方面以保证其有一定的生活水平，另一方面也体现褒扬、优待和抚恤的性质。例如，战争抚恤金规定，一个全部丧失生活能力的士兵每周发给 38 英镑的基本养老金，对其妻子儿女还可另发津贴。② 武装部队补偿金实行"无过错"原则，即只要符合条件，军人无须声明没有过错而一概予以支付抚恤金。抚恤金可以针对任何与军

① 世界主要国家和地区军人生活待遇的基本情况，http：//www.docin.com/p - 60754736. html&endPro = true.

② 田夫. 英国社会保障制度 [J]. 中国民政，1995（5）：48.

事服役有关造成的伤病，从骨折等轻伤到截肢等重伤，也可以包括冒险培训、身体训练或体育比赛中造成的伤害。对于军人伤病残疾，该补偿金提供了两种免税款项：第一种叫"一次性抚恤金"，根据伤病的轻重程度分 15 个等级，由国家一次支付 1 200 镑到 57 万镑不等的补偿。第二种是发放给严重疾病伤残军人的"保证收入津贴"，从退役之日或申请之日（退役之后申请）起每年发放给伤残军人。另外，根据国防部的"海外犯罪受害补偿制"，在海外服役期间的军人及其家属可以得到额外的伤病补偿金、财产损失补偿、特殊费用津贴、丧葬津贴等，最高金额为 50 万英镑。

对于因病退役的军人，英国还提供相应的医疗补贴待遇，其计算方法极其复杂，简单地说，按照伤病情况分为 3 级计算：1 级是因伤病不适于在军队工作，但不妨碍在地方工作；2 级是因伤病不适于在军队工作，且在地方工作遇到困难；3 级是因伤病完全丧失工作能力。如果军人在服役期间去世，则其补贴按照 3 级医疗补贴计算，军人的配偶可终生领取最高 62.5% 的 3 级医疗补贴，孩子则可领取最高 25% 的 3 级医疗补贴，直至其 18 岁或 23 岁大学毕业。如果身故军人没有配偶或子女，则身故津贴可发放给军人生前指定的任何个人或组织。如果军人因公殉职，则其配偶可一次性领取 4 倍"津贴起算年工资"，此外，还可终生领取 3 级医疗补贴，该补贴按照"服役年限+（55-死亡年龄）/2"计算。①

三　退出现役、转型期间的军人安置

退出现役的大部分军人都可以领取一定数量的"重新安置津贴"，以便他们尽快重新融入社会。在军人到达服役期满之前的一定时间，部队会对即将退役的军人进行各种准备工作，包括体检、培训、福利制度的衔接等。在住房方面，国防部有专门的住房服务咨询办公室，负责为现役军人提供退役之后的住房服务。距离退役 3 个月之内，每一名军人

---

① 参见 British Military Pay Review Body Report 2013.

都要做一次全面体检,否则将无法按期退役。在距离退役6~9个月期间,军人可以到国防牙科服务中心预约检查牙齿健康。英国实行全民医疗福利制度,退役军人的健康服务由国家"全民医疗保健服务"(NHS)提供。NHS由社区医疗和医院医疗两级体系组成,属于基本免费的全民福利。

很多伤残退役军人都有需要安装和使用假肢,为此,NHS 2012年后在全国设立了9个残疾服务中心,按照部队相关机构的标准为这些退役军人提供高质量、专业性的残肢康复和假肢服务。此外,国防部也非常注重军人和退役军人的精神健康问题,专门设立了"退役军人及后备役军人精神健康项目",为有需要的老兵提供免费的咨询、转介和治疗服务,甚至提供路费补贴。NHS还专门提供治疗"战争创伤后遗症"的服务,为有参战经历的老兵提供评估、心理辅导和必要的医疗救治。

协助退役军人重新融入社会的主要焦点是再就业。军人退役之后5年内仍然可以使用部队的军人标准教育等级中心进行再就业培训,其中有些课程可以与高中A Level或大学预科资格对接,为提高退役军人教育素质提供帮助。部队与地方合作,在时间、财务、培训方面提供全方位的咨询和服务。这种就业转型服务分为三个层次:第一层次由军人所属部队的转业信息员负责提供军人享受的福利信息和转业所经历的政府机关流程信息,并提供咨询服务。第二层次由部队的"转业服务咨询专员"为军人提供建议和指导,帮助提供军人转业的最佳方案。第三层次则由专业机构CTP提供就业咨询、指导、培训,并与民间慈善机构"军人就业服务协会"一起为退役军人提供终生的就业帮助服务。就业转型机构的作用非常明显,2022—2023年,有将近16 000名符合资格的退役军人得到CTP的就业协助服务帮助,其中8 600多人在6个月内就业,占使用总人数的89%。[①]

---

① 参见UK Ministry of Defence. 15 February 2024. Career Transition Partnership Annual Statistics:UK Regular Service Personnel Employment. https://assets.publishing.service.gov.uk/media/65ca3cbb9c5b7f0012951cf3/Career_Transition_Partnership_2022-23.pdf

四　其他退役军人优抚待遇

除了国防部的退役军人服务局之外，从国家到地方并没有一套常设的管理退役军人的公共机构，而是在各个方面依靠政府、民间社会力量甚至是企业，给予退役军人全方位的协助。国家就业与养老金部负责社会保障救济工作，通过设在全国各地的服务中心发放福利金，并通过各地的就业中心为有需要的人提供就业帮助。在这方面，退役军人可以享受一项针对部分人员的优惠服务——工作与健康计划，接受免费培训和个性化的就业指导帮助。国家帮扶的重点是伤残、无居所及触犯法律坐牢的退役军人。针对参战老兵的特殊需要，武装部队抚恤与养老金委员会设有照顾参战老兵的"英雄健康"项目，积极推动社会各界支持军人，通过"武装部队日"和军事勋章等活动提高公众对军人的认可。英国规定，军官退役后将终身保留原有的军衔，立有战功或对国家、军队有特殊贡献者，可晋升一级后再退役。英国设有军队日，发放老兵奖章或勋章；每年11月的第一个星期日到当月11日为纪念星期日，届时全国军人将进行2分钟的默哀，以纪念在战争中阵亡的将士。[1]

2012年，英国政府推出"国防优惠卡"，所有现役军人、家属、文职人员、预备役官兵和退役军人都可以申领，持卡可在签约商家享受消费折扣优惠服务。该卡使用费用很低，平均每年仅需1英镑就可以在网上或实体店签约商户享受打折优惠，如购车、酒店、旅行、超市等。英国的公共交通费用非常昂贵，但对军人和退役军人提供了很多优惠。比如，长途汽车公司"全国快线"对现役军人提供60%优惠，对退役军人优惠30%。现役军人乘火车可以享受1/3购票优惠，伤残退役军人也可以享受残疾人的1/3优惠。在伦敦的退役军人，如果享受战争抚恤或武装部队伤残保证收入津贴，可以申领免费公交出行卡。在苏格兰和威尔士，部分重疾伤残退役军人也可以享受公交免费的待遇。伤残退役军

---

① 山乔. 英国、德国退役军人安置概览［J］. 中国人才，2011（8）：39-43.

人可以申办全国通用的"停车蓝证",享受残疾人停车优待,如在街边停车位免费停车。①

五　全民社会保障福利

同其他所有平民一样,退役军人可以享受英国的全民福利保障,包括各类伤残津贴、住房津贴、就业津贴和家庭津贴,绝大部分福利是就业与养老金部审核发放。退役的伤残军人可以申领三种福利。一是一次性的残疾设施津贴,帮助残障人士在居所安装生活辅助设施,如整修通道或安装电动楼梯等。二是协助工作津贴,为所有 16～64 岁的病休、伤残且无法工作的人士提供财政支持,或提供帮助使他们重返工作岗位,此类津贴由英国就业与养老金部统一发放,根据申请人的社会保险金缴费情况或个人收入情况来测算。三是为 16～64 岁的伤残人士提供的残疾救济金,由国家就业与养老金部统一发放。传统上,这个津贴是公共福利系统里最大的一笔残疾福利专项支出,2013 年 4 月的全国福利改革后,此项津贴改为个人独立津贴,用来补偿一部分因长期疾病或残疾造成的生活不便而引起的费用,也包括患有严重精神疾病患者,金额根据申请人的日常生活能力和可活动能力评估。第四种津贴为照看津贴,为 65 岁以上需要其他人照看但无法申领个人独立津贴的轻度伤残人士。第五种是照顾有需要伤残人士的看护津贴。第六种是就业和供养津贴,供未到退休年龄的、残疾比较严重的人士提供生活津贴。

在住房方面,低收入的退役军人可以申请就业与养老金部的住房补贴,帮助支付部分租房的费用。住房补贴由地方政府发放,与地方政府的福利房制度联系在一起,并受到福利救济金上限的制约。英国有一种与住宅类型和面积相关的地方市政税,符合资格的低收入人士或接受残疾人独立津贴的人士,包括退役军人,可以申请市政税补贴,根据家庭

---

① Ministry of defence. 2017. Service Leavers' Guide. https：//assets. publishing. service. gov. uk/government/uploads/system/uploads/attachment_data/file/389211/SLG_Dec_2014. pdf .

收入水平和伤残程度减免其中一部分。现役军人和家属在驻扎海外期间可以申请豁免其国内房产的市政税。

和其他就业的人士一样，退役军人只要缴纳国民保险费，即可按照缴费年限和额度在法定退休年龄之后领取国家养老金。如果退役军人或其家庭收入低于一定额度，可以申请国家福利中的低收入津贴、低收入求职者津贴和就业收入津贴。持部队军医鉴定的伤残退役军人在申请此类津贴时，将会得到快速审批而不需要重新在地方进行医疗鉴定。已婚退役军人还可以根据情况申请各类家庭福利，如申请减免部分个人所得税的婚姻补贴，16 岁以下子女领取的儿童津贴，低收入家庭的儿童税收抵免，患有重病和残疾儿童的伤残居住津贴。

2013 年 4 月之后，英国推行了全新的"统一福利救济金"制度，对除残障津贴之外的大部分全民福利待遇进行了一次深入改革①。"统一福利救济金"取代了传统上 6 种不同的主要福利补贴项目，比如育儿收入税优惠、住房救济、低收入补贴等，并增加了新的要求，就业适龄人员申请时必须提交就业或尝试就业及培训的证明，而且领取救济金的总额不能超过普通工薪家庭平均收入。新设立的个人独立福利金取代了过去的残疾救济金，对残障人士提供更有效率和便捷的保障。作为二战以后英国最大规模的社会福利制度改革，统一福利救济金制度实施的目的是开源节流、简单易懂、化繁为简，以达到提高救济效率和鼓励民众就业的目的，通过各种渠道支持和鼓励福利救助人员提高就业能力，最终减少福利依赖和摆脱贫困。另外一个原则是将每个家庭可以领取的福利金设立上限，而且救济金的年度涨幅将控制在 1% 左右。但如果家庭中有退役军人并接受武装部队抚恤金、保证收入津贴、战争抚恤金项目津贴或残疾人救济津贴的，原有家庭福利金总额则不受此新上限的影响，这也是对退役军人社会福利的一个保障。

---

① What is universal credit and how are the rules changing? BBC News 13 May 2024 https：//www.bbc.co.uk/news/uk-41487126.

第四节　全社会共同参与优抚工作

一　政策扶持

英国政府对于社会参与优抚军人活动十分重视，鼓励各种各样的民间战争纪念活动，如建于伦敦市中心白厅外的和平纪念碑是皇室、政府和军方于重大节日时纪念战争和军人的主要场所。虽然有时政府也会提供部分补贴，但大部分纪念活动的费用是由民间自发组织或自发筹款。2007 年，英国在国家军人纪念中心兴建了一所新的全国战争纪念馆，它的主要建设经费就是来自公众筹款、销售纪念币和彩票收入，当然，国防部也投入了一定的资金。

英国政府十分鼓励民间慈善机构的发展，登记在册的大小慈善组织、包括扶持退役军人的机构有 16 万家，每年通过募捐和企业运作收入数百亿英镑。英国的法律很早就明确规定了慈善机构可以自由设立，只要满足一些附加条件，登记注册程序非常简单。政府也十分重视与民间公益组织的关系，并在政策方面加以扶持。政府每年提供给民间公益组织数十亿英镑的经费，其中有相当一部分是博彩业税收。另外，社会捐赠也得到政府的大力支持，英国公司法规定，社会捐赠金在企业内部使用时可以免去公司所得税部分，个人向慈善组织的捐赠可以为该组织获得退税待遇，用于鼓励公益事业的发展。

2010 年英国政府颁布了《军队：武装部队盟约》[①]（以下简称《武装部队盟约》），号召社会各界签署并承诺优待军人，支持武装部队、现役及退役军人。《武装部队盟约》公布后逐渐为社会各界接受，地方政府和大型企业、非政府组织纷纷签订并遵守，支持优抚政策的落实。《武装部队盟约》由《社区盟约》和《企业盟约》复合而成。前者鼓

---

① UK Government. 2010. The Armed Forces Covenant，https：//assets. publishing. service. gov. uk/government/uploads/system/uploads/attachment_data/file/49469/the_armed_forces_covenant. pdf.

励地方社区支持部队在本地的发展，鼓励公众加强军队理解和部队意识。目前，除北爱尔兰和部分地方议会外，所有其他地方议会都签署了《社区盟约》。许多地方政府还设立了"盟约大使"一职，推动当地实践优抚军人承诺并帮助解决实践中的问题。《企业盟约》是一个自愿性质的、由企业和其他组织签订的承诺，表示他们对优抚军人的一种意愿，约有超过 1 000 家大型组织和企业签订了此盟约。每个机构都有机会选择特定的支持军人的活动，如对退役军人在就业上的支持，对预备役军人的支持，对军属的支持，对士官生、武装部队日的支持，对军人和退役军人的折扣优惠等。

二 全民参与

英国退役军人优抚工作在很大程度上依赖民众的参与。多年来，英国政府和社会机构通过宣传和筹资，已经在民间形成了尊重军人、优待军人的传统。民众对武装力量的总体尊重程度很高。统计表明，75%的人认为自己非常尊重军人，64%的民众了解至少一种军人或退役军人慈善机构组织。自 2006 年开始，每年 6 月份的最后一个星期六为"退役军人日"，自 2009 年起，这一天改称"武装部队日"，感恩现役和退役军人的贡献，并在全国各地组织军人及老兵开展盛大游行、静默纪念、募捐等活动。每当部队从海外执勤归来，都会组织在驻军当地列队游行，军舰回港也会组织当地民众和海军亲属迎接。在战争中阵亡的军人会有部队组织在其家乡进行灵车巡游、悼念活动，街道两边会有大量民众注目行礼，并送上鲜花纪念。

由于公众认可、社会参与和民间尊重军人的风气，英国国内有大量以支持官兵与退役军人为主要目的的慈善机构，具体分为针对各兵种的、针对现役或退役军人的、针对历次主要战争的，或针对各类伤病残疾的专门慈善组织，正式注册的机构就有 2 000 多家。皇家退役军人协会（Royal British Legion）是英国规模最大、影响最大的退役军人公益性慈善组织，拥有 22 万会员，为退役军人及其家属提供广泛的信息咨询、纪念活动、筹款集资、政策研究、健康福利、住房财务等帮助。自 1921 年成立起，该组织已建成遍及全国及海外英联邦领地的网络，2016 年的收入高达 1.5 亿英镑。该协会还定期组织公众（包括学生和退役军人）参加战争纪念旅行，组团到国内及海外历次战争所在地进行战地参观，宣传英国军人的英勇表现，展示战争的实际情况。① 三军军人及家庭协会（SSAFA）成立于 1885 年，是英国历史最悠久的大规模军事慈善机构，为陆海空三军现役和退役军人提供多种多样的慈善公益事宜，涵盖精神健康、住房、教育、就业、志愿者、伤残服务等方面，每年有 7 000 多名志愿者参与，有 9 万名军人受益，2015 年收入 5 100 万英镑。②

每年 11 月 11 日是英国和其他一些英联邦国家的阵亡将士纪念日（Remembrance Day），也称为"国殇纪念日"。这天是第一次世界大战在 1918 年的结束日。阵亡将士纪念日最初是为了纪念在第一次世界大战中为国捐躯的军人，后来逐渐成为纪念在历次战争中阵亡的所有将士的纪念日。每逢这一天，国会在上午 11 点 11 分举办全国的 2 分钟静默，在伦敦等大城市的纪念碑前举行有皇室和中央政府人员参加的纪念仪式，有向纪念碑献花、重要任务讲话及老兵游行等活动，离这天最近的一个周日将会举行盛大的教会纪念仪式。在纪念日前后，教堂等机构会举办特殊的宗教纪念活动，吸引大量公众参与。

另外一个重大优抚军人的公众活动是"红罂粟花募捐活动"（Poppy Appeal）。红罂粟花是英国和部分英联邦国家纪念阵亡将士的象征，每年阵亡将士纪念日前，英国人都会积极购买纪念性的塑料红罂粟花佩戴到胸前，在城市街头、车站和商场门口也有很多退役老兵及老兵

---

① 参见 The Royal British Legion. The Royal British Legion Annual Report & Accounts 2016. https：//media. britishlegion. org. uk/Media/9244/the－royal－british－legion－annual－report－accounts-2016. pdf，2017.

② 参见 Help For Heroes. Annual Report 2016. https：//www. helpforheroes. org. uk/media/439343/2016-annual-report. pdf，2016.

协会的代表佩戴着战争勋章推销红罂粟花。红罂粟花是皇家退役军人协会于 1920 年正式被采纳为纪念象征的，并于 1922 年开始发起每年一度的红罂粟花募捐活动。由于政要名人带头、民众积极购买，所以出现了全民购买、佩戴红罂粟花的现象，每年都可以募集大量的民间捐款，并形成传统。据统计，78% 的英国民众曾经购买过塑料纪念红罂粟花。2016 年，通过红罂粟花活动的全国募捐额高达 4 760 万英镑，为支持退役军人、照顾伤残老兵和阵亡将士的遗属提供了大量资金。[①]

第五节　英国退役军人优抚制度面临的挑战和改革趋势

一　英国退役军人优抚制度面临的挑战

（一）加重国家财政负担

作为欧洲福利国家的代表，英国以健全的全民卫生健康和社会福利系统，加上对退役军人优抚的立法保护和行政制度，以及公众对军人和退役军人的普遍支持，为退役军人优抚提供了坚实的保障，使军人能够得到比较优越的待遇，形成了一套比较有特色的优抚制度。[②] 但是长期的福利救济政策也使国家财政背上了沉重的包袱，尤其是进入 21 世纪以来，全民福利制度的负面影响逐渐显现，不断上升的福利需求和开支使国家财政背上了沉重的负担。在人口老龄化加剧、人均寿命延长、社保费用急剧上涨的情况下，原有的财政支出渠道逐渐无法承担巨大的开支需求。2010—2011 财年的赤字高达 1 454 亿英镑，相当于国内生产总值的 11%，创下第二次世界大战以来的纪录。再加上社保制度结构不合理、利用效率低、对降低贫困缺乏可持续的对策，且存在大量的骗保现象，使政府财政遭受沉重损失。这些严重的弊病使英国政府不得不痛下

---

① BBC 中文网. 腾龙说事：佩戴罂粟花背后的故事［EB/OL］.［2012-11-9］. https：// www. bbc. com/ukchina/trad/uk_life/tenglong/2012/11/121109_tenglong_poppy. shtml.

② Murphy C. Support for UK Veterans. Briefing Paper, No. 7693, 4 July 2017, House of Commons. https：//researchbriefings. parliament. uk/ResearchBriefing/Summary/CBP-7693.

决心，改革社会保障制度，尤其是福利体系和救济制度，这也波及退役军人优抚的一些政策。

（二）开源节流与提高优抚效率之间不平衡

2013年4月以后，英国政府推行新的福利改革，直接导致福利救助金重新配置、数额减少，增加了不少退役军人及其家庭的经济负担，退役军人的福利救助、公共医疗服务和专业疗养康复服务等都受到冲击。新的统一福利救济金的推行并未达到明显节省大批财政资金的目的，反而给大量的工薪低收入家庭造成严重影响，离起初的开源节流目标相距甚远。① 因为民众和民间团体的大量反对，福利制度改革多次进行修改，实际推行的措施和效果也大打折扣。此次改革对残疾人的福利津贴尤其是退役军人的伤残补贴影响很大。如何在开源节流与提高优抚效率之间实现平衡，是摆在英国政府面前的一个严峻挑战。

除政策和资金矛盾外，英国的退役军人优抚工作在就业、康复、慈善等方面也存在一些问题和挑战。首先，退役军人优抚相关行政立法工作亟待加强。目前退役军人的行政管理仅由国防部一个单位提供，但具体的优抚事务和立法工作关系到多个部门和社会各界，所以关于建立统一的退役军人事务部的呼声一直未停。其次，退役军人再就业转型仍然存在缺口。据国防部数据显示，虽然退役军人的整体就业率为82%，高于全民75%的就业率，仍有相当数量的军人在退役6个月后仍没有就业。陆军退役军人的就业率低于海军和空军，而少数族裔退役军人的非就业率高达21%，女性退役军人和伤残退役军人更难及时就业。对于退役军人中的弱势群体，包括病残人士、无家可归人士和被关押的犯人，他们的身份转换和优抚工作仍然面临很大的挑战。在参加阿富汗和伊拉克战争后回国的退役军人中，相当一部分人至今还被战争创伤后遗症和各种残疾所

---

① Guardian. 2018. Universal Credit to Save Taxpayers only 2% in spite of Benefit Cuts. ［EB/OL］. ［2018 - 01 - 25］. https：// www. theguardian. com/society/2018/jan/25/universal - credit - taxpayers - benefits—cuts.

困扰，这属于退役军人优抚工作的一个新的重点，如何更好地帮扶这部分
弱势群体，是摆在英国相关部门和社会各界面前的一个问题。最后，公共
卫生机构与社会公益机构之间的资源配置和转介协调也亟待加强。

二　英国退役军人优抚制度的改革趋势

为适应不断变化的新形势，近年来英国政府着力更新和改革优抚政
策。在 2023 年 7 月《退役军人优抚福利服务独立报告》出版后，英国
政府于 2023 年 12 月发布了相应的文件，全面检讨了退役军人优抚制
度，接受了报告中的大部分推荐意见，并提出一系列新的改革措施来提
高效率和优化优抚资源配置，包括自 2024 年起将退役军人管理职能从
国防部剥离分散到政府其他部部门、成立新的退役军人福利机构、扩大
社会第三方提供优抚服务的范围，对优抚系统和服务进行全面改革。但
无论怎样改变，提高军人优抚服务的效率是一项长期任务，根本在于优
化资源、改善优抚管理系统，建立一个综合的、跨部门的政府部门统筹
军人优抚工作，在提高资源利用效率的同时为军人提供一站式、高效可
行的服务，以适应新时期军人和社会各界对优抚工作的要求。英国退役
军人优抚工作中的主要难点集中在退役军人精神健康、残疾康复、公益
慈善、子女看护、伤病赔偿以及养老金等方面，而这些问题其实也是面
向所有公众社会福利制度中的热点难点。虽然军人优抚服务有较高的公
众参与度，英国政府仍然需要在动员社会各界、加强军地联系方面加大
力度。在可以预见的将来，如何立足退役军人优抚制度已有的优势，尤
其是良好的公众参与气氛同普遍福利制度的支撑，不断拓展新的空间、
提高服务质量和效率，是摆在英国政府及社会各界面前的一个长期
挑战[1]。

---

[1]　Response to the Independent Review of UK Government Welfare Services for Veterans. UK Government，11 December 2023. https：//assets. publishing. service. gov. uk/media/65732b3033b7f20012b 7214e/The_ Independent _ Review _ of _ UK _ Government _ Welfare _ Services _ for _ Veterans _ 2023 _ - _ UK _ Government_Response. pdf

第 四 章
俄罗斯军人优抚保障制度

第一节　俄罗斯军队优抚制度简介

一　俄罗斯军队的演进历史

俄罗斯军队始终是俄罗斯发展的主要动力，历来受到国家和军队领导的高度重视。自北方战争开始，俄罗斯军队几乎参加了欧洲的大部分军事行动。俄罗斯皇帝亚历山大三世说过，俄罗斯只有两个同盟者："军队"和"海军"。

苏维埃社会主义共和国联盟（简称"苏联"）建立后，苏联政府不但靠武力维持政权，而且期望"不断革命"的迅速到来，所以特别重视红军福利。第二次世界大战时，"一切为了军队"和"一切为了胜利"两个口号成为苏联人日常生活中的重要部分。1945 年，第二次世界大战结束后，美苏对抗，世界随即进入了"冷战时代"。苏联政府需要供养庞大的军队，包括苏军驻德军队集群、苏军北方集群（是苏联武装力量在波兰人民共和国驻军的总称），总人数达到 4 590 800 人，相应的负担可想而知。一些专家认为军事开支是苏联解体最重要的原因之一。随着苏联的解体，作为联盟权利继承主体的俄罗斯联邦承担了一系列艰巨的任务，包括撤出驻国外的军队以及向保证军人转业权与其他优抚政策的义务。但俄罗斯联邦无力单独承担由此产生的费用，老兵、退役军人、参加阿富汗战争的老兵以及从国外回到俄罗斯的军人权利没有得到重视。

自 1994 年第一次车臣战争开始，情况更加复杂。当时俄罗斯还没有合同军，逃避军事义务成为社会中普遍性的趋势。因为青年不愿意参军，导致兵役委员会的贪污腐化。不愿当兵的公民如因负担能力不足不能向兵役委员会的职员支付贿赂款项而逃避军役，就寻找其他方式，例如，找一个能出具免军役诊断证明的医生，找一个要求不高的大学攻读副博士或者博士学位（90 年代所有俄罗斯的大学，包括新建的私人大学，都有学位论文答辩委员会）。因此，20 世纪 90 年代，俄罗斯应征入伍兵大部分是孤儿院毕业生、学历较低的人和贫穷的人，战斗力很低。1991 年 2 月 25 日，华沙条约组织成员国在联合声明中决定，解体华沙条约组织的军事和管理机构，以缓和国际紧张局势，进一步加强国家之间关系，证明坚持和平政策的方针。北大西洋公约组织成为唯一的军事集团。再加之恶劣的工作和生活条件，迫使部分俄罗斯军官出走。苏联解体后，原各加盟共和国宣布独立，纷纷建立自己的军队。但是这些共和国内训练有素的军官人数有限，急需大批高水平的军官，俄罗斯军官就成为这些国家的招募对象。他们以优厚的待遇招徕俄罗斯军官，有的甚至直接支付美元，有的为招募的俄军军官家庭提供住房等。这对于生活条件日益恶化的俄军军官来说是很有吸引力的。①

2000 年普京上台后，把提高军人待遇视为保持军队稳定、顺利推进改革、实现质量建军的重要一环。他明确指出："军人的收入和社会地位与其服役所付出的代价不相适应。"在他的领导下，俄罗斯政府制定了军人社会保障改革纲要，重在解决现役军官住房紧张、收入偏低等问题。从 2002 年 1 月 1 日起，俄罗斯政府把军人工资与公务员工资挂钩，并逐年增加。即便如此，当时俄军与美军在军人待遇上仍有相当大的差距。②

---

① 王小路. 转轨时期俄罗斯军人状况 [J]. 当代世界，1996（8）：37-39.
② 潘华. 美国、俄罗斯对军人的社会保障 [N]. 中国社会报，2014-07-28（007）.

二 俄罗斯军队编制

俄罗斯正规军队由义务兵和合同兵组成。2000 年 11 月 9 日，俄罗斯安全会议①决定逐渐摒弃应征入伍者，建立职业化的军队。尽管如此，分阶段的改革却被推迟，2010 年，时任国防部长谢尔久科夫承认，普京总统宣布的雄心勃勃的改革计划，因人口危机与资金缺乏，是难以实现的。改革的唯一成就在于义务兵军役期限从 2 年减到 1 年。根据 2017 年 11 月 17 日出台的第 555 号总统令《关于确定俄罗斯联邦武装力量编制人数》，俄国武装力量编制人数为 1 902 758 人，其中 1 013 628 是军人数。而在新的命令中，俄武装力量在役人数为 2 039 758 人，其中 1 150 628 人为军人，该命令于 2023 年 1 月 1 日生效。

俄罗斯联邦国防部直属的部队中有三个军种，即陆军、空军和海军；两个"独立兵种"：空降军和战略火箭军；俄军后勤部负责医疗、消防、后勤、科研等服务以及维护铁路和管道等设施。除此之外，俄罗斯联邦安全部控制的边防军，俄罗斯联邦安全会议控制的国家近卫军及其前身俄罗斯内卫部队，虽然不属于国防部，但也是俄国武装力量不可分割的组成部分。

（一）义务兵

《俄罗斯联邦宪法》规定，服兵役是俄罗斯公民光荣的义务。1998 年 3 月 28 日出台的第 53 号联邦法律《关于军事义务和军事服役》和 2006 年 11 月 11 日出台的第 663 号法律《关于确定俄罗斯公民应征入伍的条例》（2017 年修改）提出应征入伍程序相关规定，即兵役局负责执行应征程序；国防部每年决定各联邦主体的应征人数标准，俄罗斯总统（依据《国防法》第 4 条）以单独命令制定具体征兵时期内应征兵的人

---

① 俄罗斯安全会议是一个多方力量的协调机构，负责审议重要的国家和社会安全事项，制定统一的国家安全政策。

数；地方兵役局每年两次（从 4 月 1 日到 7 月 15 日以及从 10 月 1 日到 12 月 31 日）召集征兵委员会，决定各个征兵者的具体情况。应征的义务兵限于男性，征兵年龄为 18~27 岁。第 129 号总统令《关于 2018 年 4 月至 7 月公民征兵条例》规定，2018 年应征人数将为 128 000 人。因信仰原因不愿意参军的人，根据第 79 号联邦法律《关于替代军役的社会服役》的规定享受替代兵役的权利，这是一种实施军事服役的方式。替代役构想源自早期欧洲国家的社会役，服替代役的役男不需要进入军事单位，而是在其他政府机关中服务。

（二）合同军

合同军意味着合同制兵，此类军人为俄罗斯军队的核心。合同军的法律地位由联邦法律《关于军事义务和军事服役》规定，该法最大的特点在于使外国籍公民按合同制参加俄国军队成为可能。国防部以及其他军事性的国家机构有权以俄罗斯联邦的名义跟本国或者外国公民签订参军协议。合同的形式是由 1999 年第 1237 号总统令规定的，愿意参加俄军的外国公民应通过一系列考试，证明他们符合俄罗斯对军人的要求［身体健康、会俄文、享有要求的技能、精神稳定、符合年龄限制（18~30 岁）］。

（三）车臣共和国军队

位于俄罗斯北高加索地区的车臣共和国，20 世纪 90 年代发生了两次武装冲突（1994—1996 年第一次车臣战争和 1999—2009 年第二次车臣战争），导致了严重后果。虽然俄罗斯夺回了车臣地区的控制权，但是车臣共和国当前的法律地位也成了问题。俄罗斯联邦法律事实上在车臣共和国境内是无效的。车臣共和国总统拉姆赞·卡德罗夫建立了独立的武装部队，部队成员宣誓忠于卡德罗夫总统，军服有所不同，贝雷帽上绣有卡德罗夫姓名的首字母。至今，车臣共和国及其领导人的法律地位和卡德罗夫私人军队的法律地位仍然是不明确的。2016 年 2 月 23 日，俄罗斯人民自由党副主席伊利亚·雅亲在《国民安全的危险》专家报告中指出，卡德罗夫军队总人数为 8 万。

（四）私人军事公司

私人军事公司是俄罗斯政府执行混合战争的主要工具。据媒体报道，俄罗斯政府利用私人军事公司参与一些国外的军事冲突，譬如，苏丹、乌克兰、叙利亚。另外，石油运输公司积极运用私人军事公司保护其油船（反海盗攻击）。2016 年 6 月，美国国务院将 Wagner's 私人军事公司（俄文：Частная военная компания Вагнера；英文：PMC Wagner）列入制裁名单。[①]

第二节　俄罗斯军人优抚制度

一　俄罗斯军人优抚制度的立法演进

（一）早期俄罗斯军人优抚制度的渊源

俄罗斯早已经了解军人优抚制度的价值，有关俄罗斯军事力量的法律规定可以追溯到伊凡三世·瓦西里耶维奇时代（1440—1505 年）。1497 年，伊凡三世颁布法典，建立了莫斯科大公国的政府机构以及个人领地[②]制度，向有军职的贵族赐予个人领地，向经验丰富和战斗力强的士兵赐予庄园，他们需要遵从大公的命令，为国效力。

1644 年，米哈伊尔·费奥多罗维奇·罗曼诺夫（1613—1645 年）是俄国沙皇、罗曼诺夫王朝的开创者，他命令建立了军人遗属有权享有庄园的部分的优抚制度。他的儿子在位时批准的《会议法典》又一次确定了 1644 年向军人家庭提供的相应优惠政策。

1721 年，俄罗斯沙皇彼得在大北方战争获得胜利之后设立俄罗斯

---

① 参见 https://www.treasury.gov/press-center/press-releases/Pages/sm0114.aspx.
② 奴隶社会、封建社会中领主所占有的土地。

帝国，俄罗斯军人权利保障得到强化。1722 年职级表出台，作为一份正式的阶级清单，被用于俄罗斯的军事、政府以及皇家法院。职级表是一个包括许多头衔与尊称的系统，每个阶级都下分很多等级（1~14），以表示对沙皇的忠诚度。职级表主要用在军队组织中，这也象征着彼得统治时期的现代化与革新。职级表的建立可以说是彼得改革中相当大胆的措施，直接打击了贵族的权力，并且标志着俄罗斯社会的改变。从前比较高的等级是世袭传承的，但职级表建立之后，即便是普通人，也可以因为辛勤的工作或高超的技艺而进入技术官僚体系。新一代的技术官僚迅速取代旧贵族的阶级，并在俄罗斯取得人民的支持。每个级别都受到国家的保护，享有与其级别相对应的权利和特权，军人的好处远远大于平民的好处。除了职衔制度以外，奖励制度也增长了兵役的威信。职级表制度一直被沿用到 1917 年俄国十月革命时。

除了职级表外，彼得一世还启动了养老金计划改革。1720 年，彼得一世在俄国历史上第一次引入在战役中受伤或疾病退役军官的退休金制度。彼得一世的法令奠定了军人社会保障的基础，军人有权在服役期间以及在发生疾病或受伤的情况下得到国家照顾。但是军人完善的社会保障及其法律支持体系形成于 19 世纪末。当时的军事改革为该法律体系的形成发挥了重要作用：

（1）1860—1870 年在军事部长德米特里·米卢廷领导下的军事改革；

（2）1905—1912 年的军事改革；

（3）1913—1917 年"加强军队大计划"的军事改革。

上述改革直接涉及军人及其家庭的福利。譬如，1882 年军事部第211 号法令以及 1895 年军事部第 306 号法令规定了军官有权领取津贴的种类，包括薪金（含有依军衔和军职支出薪金以及饮食费）、一次性的特殊津贴与正常津贴。依据第 418 号军事部法令，已婚的军人有权获得附加津贴。军事部开始向军人支付路途费和住宿费，向军官提供住宅（住宅面积取决于军官的军衔和军职）。此外，国家向军人提供资金购买马、马鞍和饲料。军人家庭按上述法令享有住宿费补偿的权利，招聘仆人的相关费用也可以得到补偿。国家也关注列兵及其家庭，如没有自己的住宅，国家向他们提供免费的住宿和食品。因此，俄国伟大革命前军人福利制度的法律基础已形成，为军人提供了一定的保障。但是，军官和士兵的法律地位存在较大差距，存在制度上的不公平，享有军官职位军人的特权和列兵的微薄收入形成鲜明对比。

（二）社会主义时期军人优抚制度的发展

1917 年十月革命后，由于俄罗斯的经济形势急剧恶化，已有的军人福利保障体系被废除，但是相关规定被作为了苏联的立法基础。苏联布尔什维克政府为创建和维护红军，作出了难以置信的努力，为吸引平民和农民，政府在短时期内就制定了军人福利制度的相关立法。第一次把列兵的法律地位和军官的法律地位等同起来。新立法的基础为权利平等原则，以前的所有限制、各种阶级特权都被废除。红军军人享受全额津贴，每月另外还可得到 50 卢布。根据苏联政府机构的决定，军人家属中的残疾人员可按照当地消费者的标准得到一切必要的东西。在艰难条件下，苏联政府采取了必要措施向红军家属提供食物。苏联人民解放军人民委员会的法令规定，向军人家属提供一切必要的消费品，这在军队组建中发挥了重要作用。国家的社会经济条件是增加军队规模和创建新型军人福利的保证。当时最重要的立法是 1924 年《红军军人、红军海军及其家庭特惠和优势法典》，包含的福利和特惠范围相当广泛，有实用农业土地特权、税收特权、住宿特权、劳动特权、教育特区、邮政特权、交通特权、津贴特权、诉讼特权，法典的分章以主题（军官、列兵、将领）为准。1930 年，苏联政府通过了新的法典，继续向军人及其家庭提供相应的优惠。必须注意的是，该法典虽然规定了军人所享有的特权，但是缺乏具体规定，而是由后来出台的其他规范性文件具体化。在战争年代，军人社会和法律支持领域的工作并没有停止，首先就是照顾死亡军人家属和在前线作战的军人。国民经济的破坏和恢复时期以及随后的冷战时期，国家并没有忽视军人的社会保障。战后立法中第一次向军人免征所得税，并在偏远地区服务期间优先提供服务。除此之外，第一次规定了军人从地方议会住房基金中获得住房的权利。随后，苏联部长理事会几次批准了《关于军人、军人服役人员、退役人员及其家属的福利规定》。

改善军人、老兵及其家庭住宿条件的规范性文件主要有：1958 年 7 月 1 日出台的第 744 号苏联部长会议条例《关于向将军、海军将军以及高级军官为个人房子建筑目的提供土地的面积》、1965 年 4 月 22 日苏联国防部部长的命令《关于红军及海军住房经营部门条款》、1981 年 2 月 23 日出台的第 209 号苏联部长会议条例《关于广泛残疾军人和阵亡者的家庭受到的优惠》。

对军人供应产品的主要规定是 1971 年 3 月 12 日出台的第 60 号苏联国防部部长命令《苏联红军和海军和平时期供应条例》。

医疗方面的优惠主要是派军人及其家庭去疗养地和疗养院，相关规定是军事部部长命令，即 1952 年 3 月 10 日军事部部长第 20 号《关于选出和派出军人及其家庭、退役人和老兵去属于军事部的休养所程序》。

《国家退休金法》以及苏联部长会议的法令规定了军人退休金问题。该法规定了军人享有获得国家退休金的权利并制定了退休金的计算方式、军龄计算方式、申请程序等。部长会议法令还包括 1957 年 1 月 2 日出台的《关于向超期服役军官及其家庭提供的国家退休金》、1972 年 8 月 3 日批准的部长会议第 590 号《关于国家退休金计算和支出方式条款》、1941 年 6 月 5 日出台的《关于向军队各级首长提供的退休金和津贴》。苏联军人曾享有广泛的优惠待遇，且待遇不断扩大。1965 年 3 月通过的第 140 号法令扩大了伟大卫国战争老兵享受优惠的待遇，而 1965 年 5 月 20 日苏联部长会议决定把第 140 号法令的规定推行于所有苏联卫国者。这些优待不仅延伸到伟大卫国战争的参战者，还包括其他捍卫苏联的军人。对于参加阿富汗战争的军人来说，其优待规定是 1988 年 8 月 9 日苏联部长理事会第 989 号。

（三）20 世纪 90 年代俄罗斯军人优抚制度的发展

苏联解体后，俄罗斯军队进入一段混乱时期，虽然军人福利相关法律的规定还是有效的，但因预算资金的缺乏，相关法律的执行事实上均被停止了。尽管如此，为了稳定军队，俄罗斯于 1992 年底开始大力发展和完善军人社会保险制度。首先，通过《军人地位法》明确提出建立军人人身保险，并且由政府承担国家强制性军人保险的保险费。在向市场经济转轨的过程中，军人保险的运营引入市场竞争机制，国家法律规定可以由优秀的民营保险公司经营国家强制性军人保险业务，如"军事保险公司"是国防部指定的承揽强制性军人人身保险的民营公司。除此以外，各个民营保险公司还根据军人的职业特点设计了各种非国家强制性军人保险，军人可以根据自己的意愿和财力，由自己负担保险费选择参加。①

1993 年 1 月，俄罗斯政府通过法律《关于俄罗斯军人法律地位》，该法律包括向军人及其家庭保证社会保护的规范，但因为该法律是 1993 年 12 月 12 日（宪法通过之日）前通过的，需要修改。1998 年 3 月 27 日，俄罗斯颁布了新的军人地位法——《关于军人地位的联邦法律》（以下简称《军人地位法》）。该法律界定了以下新概念，如军人、军人的法律地位、退役军人、老兵、军人的家庭，并且规定军人所享有的权利和义务及其公民权和自由、特权和责任。军人法律地位是指"军人依据本法、宪法、联邦宪法法、联邦法以及其他规范性的文件享有权利、自由、义务和责任的集合"。1995 年，俄罗斯杜马通过《老兵法》，明确老兵的法律地位、种类及其享受的社会保护。1998 年 3 月 28 日，俄罗斯通过了《关于军事义务和军事服役法》。该法第 2 条明确了军人的法律定义，军人的法律地位包括俄罗斯联邦民防、紧急情况和消

---

① 刘纯安．美俄军人社会保险制度比较 [J]．中国社会保障，2009（8）：26-28．

除自然灾害后果部的职员、联邦安全局的职员、对外情报局的职员、侦查委员会军局的职员、军事检察院的职员、联邦保卫局的职员（负责国家领导人的保护）、国民警卫军队。上述国家机关的职员与军人是等同的，有权享受军人应受到的优待。除此之外，该联邦法律规定了俄军的两种编制形式，即应征入伍及合同军，并且规定了应征入伍的程序和时期、服役制度、退役程序等。

上述法律是俄国军人优抚制度的核心。1998 年 3 月 28 日出台的第 53 号联邦法律《关于军事义务和军事服役法》规定了谁是"军人"，而 1998 年 5 月 27 日出台的第 76 号联邦法律《关于军人法律地位》规定了军人能受到的优待种类和依据。为了使向军人提供的各种优惠具体化，国家（总统、联邦政府、联邦机关、地方政府）制定了一系列规范性文件。

（四）21 世纪俄罗斯军人优抚制度的发展

21 世纪头十年是俄罗斯军人保险立法的发展期，在这一时期，俄罗斯立法机关为适应经济社会发展的要求，不断对原有军人强制保险法律进行修改。2006 年 2 月 2 日第 19 号联邦法律对《军人强制国家保险法》进行了修订，修订的一个重要内容是在保险人的选择上引入竞争机制。该法修改后，第 2 条第 1 款第 2 段规定，保险人的选择依照俄罗斯联邦关于采购满足国家和地方需求的供应商品、履行劳务、提供服务的程序来实施。这意味着军人强制国家保险保险人的选择应当依照政府采购程序进行。此前，国防部在选择保险公司问题上拥有较大的自由，引入竞争机制有利于预防腐败，提高效率和效益。2008 年 6 月 11 日，再次对《军人强制国家保险法》进行了修订，规定了相关机关有协助军人及其亲属办理保险的义务。修订后的法律第 7 条第 3 款规定，为了一次性地支付保险金，部队、军事委员会、军医机构和其他投保人组织（以下简称"投保人组织"）、联邦医疗-社会鉴定机构应当协助被保险人［被保险人牺牲（死亡）的，为受益人］使用、制作支付保险金决定所需的文件。这一修订显然是为了解决俄罗斯社会中由来已久的官僚主义问题。[1]

二 俄罗斯军人优抚制度的管理架构

国防作为最重要的国家功能之一，是保持国家主权和领土完整的保证。此部分内容包含国家应采取的多种经济性的、政治性的、社会性的、科技性的和法律性的措施。上述措施是假定性的，涉及广泛的社会制度（包括军人优抚制度）。实现军队建设的相关权力是由一系列国家机构承担的。

俄罗斯国防和军队建设组织的基本规定被写入了宪法，确定了国家确保其领土完整和不可侵犯的义务（第 3 条）。俄罗斯宪法第 59 条规定，保护祖国是俄罗斯联邦公民的光荣义务。公民应当依照联邦法律进行兵役，同时公民有权因信仰或宗教的原因，用兵役取代替代役。另外，俄罗斯宪法规定了最高级国家机构的权限和国防权力——宪法第 80、82、83、87~89 条规定了俄罗斯总统在国防方面的权限；第 102、104 及 105 条规定了联邦会议（联邦联盟和国家杜马）的相关权限；第 114 条规定了联邦政府的有关权限。

国防和军事发展的基本原则也在《国防法》、《军事职务和军人服务》以及俄罗斯国家军事学说中得到确立。其中，《国防法》提出了国防的具体定义。根据该定义，国防意味着"为武装保护俄罗斯主权和领土完整，安排和实施的经济性的、军事性的、法律性的措施"。不可否认，国家军事学说在国防规范制度中有非常重要的作用，是国家关于国防、防止军事和战争、使用武力以及其他问题的观念体系。当前的俄罗斯国家军事学说是于 2014 年 12 月 25 日批准的第 2976 总统令。

联邦法律《关于军人的法律地位》第 3 条规定了负责保护军人权利及实行社会支持的单位，即国家机构、地方国家机构、地方自治机

---

① 刘鹏. 俄罗斯军人保险法的发展及启示［J］. 学习与探索，2011（2）：130-133.

构、普通管辖法院、执法机关（在其权限内）、指挥官。另外，法律规定，社会团体也可以促进保护军人、退役者、老兵及其家庭的权利。除了上述条款之外，同样的规定在俄军内务条令中也得到反映（第10条）。因此，俄罗斯从事军人优抚活动的具体主体范围及责任并不确定。立法机关和执行机关共同执行军人优抚制度。

俄罗斯联邦最高立法机关采取两院制，其中，国家杜马作为下议院、联邦委员会作为上议院，每个议员通过多个工作委员会履行职权。国家杜马负责军人优抚问题的工作委员会包括劳动及社会政策问题委员会、国防委员会、老兵问题委员会、安全问题委员会。其中，国防委员会在处理军人优抚相关问题中起决定性作用。国防委员会成员出席听证会和提出议案，制定和加强军人优抚问题相关的立法制度。

联邦委员会中负责保护军人权利的工作委员会主要包括社会政策问题委员会、国防及安全问题委员会。除了联邦会议中的工作委员会外，执行机关中的工作委员会也起重要作用。俄罗斯总统委员会对加强军人优抚制度作出了重要贡献（俄国总统社会政策委员会、人权监察委员会等）。不过，俄罗斯国家机构制度中，发挥保护军人权利主导作用的是联邦政府。按照《国防法》第15条，政府承担军队事态责任、安排军队供应、实行宏观指导。劳动和社会发展部承担公民社会保护的经常领导、管理国家退休基金、处理残疾人问题。

俄罗斯联邦国防部作为最有实力的机构之一，拥有丰富的资源。国防部部长负责通过武装力量总参谋部和各军兵种的总司令在各种军事单位保障军人权利，负责按指定用途运用联邦预算拨出资金。国防部下设社会保障局，落实国家在军队实行的社会政策，负责军人的薪资监察、退休金、退役金、补贴金的支出制度以及向军人提供的社会保障制度；下设建筑局负责为军人提供建筑和房子及其他房地产。由住房供应局安排向军人、退役者及其家庭提供住房，负责实现有关联邦目标计划。住房供应局有5个下属企业，即西方地区住房供应局、北方地区住房供应局、东方地区住房供应局、南方地区住房供应局和中区住房供应局。除此之外，国防部积极参与宣传祖国保卫者的精神，普及军役的优点，从事军事爱国主义教育。国防部拥有自己的军事爱国主义电视频道（"星"）以及中央陆军运动俱乐部。

国防部承担每年举办第二次世界大战胜利日阅兵的责任。红场大阅兵是为纪念卫国战争胜利，于每年 5 月 9 日在莫斯科红场举办。从国家层面来看，此活动具有双重效果，既提高青年心目中军人的威望，又鼓励公民积极当兵。参与 5 月 9 日的阅兵是俄罗斯军人的梦想，参加者大部分都是军事活动中因勇敢行为而被予以奖励的军人。红场大阅兵在国家展示军事工业综合体成果的同时，也向公民与全世界展示俄军之宏伟及荣耀。

2015 年 5 月 9 日，俄罗斯在莫斯科举行盛大庆典，隆重纪念卫国战争胜利 70 周年。中国国家主席习近平同来自世界各地约 20 个国家和地区以及国际组织领导人出席。除了大约 1.5 万名俄罗斯士兵之外，还有大约 1 300 名外国士兵参加阅兵，其中包括来自塞尔维亚的精英卫队和印度的掷弹兵。中国也首次派出仪仗方队参加红场阅兵，由 102 人组成的中国人民解放军仪仗队通过红场。200 辆装甲车辆和 150 架战斗机参加了阅兵。俄罗斯政府积极邀请各国领导人参加 5 月 9 日的庆祝活动，强调第二次世界大战结果复核的不可能性。①

5 月 9 日胜利节作为俄罗斯全民的节日，1965 年起被宣告为全民休息日。俄罗斯积极鼓励老兵参与各种庆祝活动，请他们在学校讲课，向学生们宣讲战争。此外，俄罗斯联邦政府还安排老兵参与在 5 月 9 日举办的各种阅兵（除了红场阅兵外，圣彼得堡、塞瓦斯托波尔等城市也举办阅兵及其他庆祝活动），以充分体现全国人民对老兵的尊重和敬仰。

---

① 该问题不但是俄罗斯社会，而且是整个世界面临的。复核第二次世界大战结果的问题是由多层面组成的。第一层面来自经过世界战争结果设立的联合国制度。5 个常任理事国就能决定议事日程。考虑到世界各国经济情况的变化以及一些国家的攻击性，德国、日本等国家主张改革联合国制度的必要性。第二层面在于俄国社会中对苏联时代历史认识的变化，即因苏联档案文件被解密，苏联在第二次世界大战中的作用变得不太明显。

三　俄罗斯军人优抚制度的组成

（一）俄罗斯军人福利及社会支持制度

俄国军人福利制度及社会支持系统是全俄社会支持制度不可分开的一个部分。从法律意义上讲，该制度就是包含社会支持措施相关规定的规范性文件。也可以说，俄罗斯社会支持制度基于三个法律性的范畴，即国家、支持措施和享受优待者。

关于国家在社会支持制度中地位的规定主要体现在俄罗斯宪法（第 7 条）中。根据俄罗斯宪法，俄罗斯联邦是一个社会国家。社会国家的主要任务是实现基于社会正义、普遍团结和法律规定的相互责任原则的社会发展。社会国家应该以帮助家境贫困、影响经济利益的分配以及为每个公民提供基础的生活水平为己任。必须指出的是，宣布俄罗斯为社会国家并不意味着俄罗斯重新走上了发展社会主义国家制度的道路，并不意味着国家通过创建一个由其全面管理和组织的经济体系来保证公民的福利。社会国家努力为每个公民提供更好的生活，其重要前提是每个成年人都应该能够为自己和家庭获得收入来源。只有在出现各种原因无法实现这种情景并且不能充分满足个人需求的情况下，社会国家才会进行干预。

立法者具体规定了有权得到国家帮助的社会群体范围，包括：①第二次世界大战参加者和其他军事行动参加者及其家属；②残疾人和老职工；[①] ③获得国家奖章的人员；④后方之工人；[②] ⑤捐献者；⑥多子女的母亲或父亲；⑦贫穷的公民；⑧公务员；⑨16 岁以下的儿童；⑩退休人员；⑪前集中营的囚犯；⑫由于切尔诺贝利核电厂（或其他核电厂）事

---

① "老职工"是俄罗斯联邦的一种荣誉称号，标志着人们的认真和长期工作。口语中，"老职工"一词一般作为"多年工作的人"的同义词。1995 年关于老战士 No. 5 联邦法律出台后，"老职工"荣誉称号就在俄罗斯联邦正式出现。

② 1941 年 6 月 22 日至 1945 年 5 月 9 日在战略后方工作的人物。1995 年的关于老战士 No. 5 联邦法律提供"后方之工人"具体的特征（工作期间不短于 6 个月、应有的证明文件等）。

故而受到辐射的人员；⑬历史上受政治事件影响的人及其亲属；⑭失业者。共 14 种享受优待的社会群体。

各社会群体有权受到的优待以及优待形式不同。俄罗斯立法中的福利优待形式主要有：福利待遇、补助金、补贴金、赔偿费、母亲资金、退休金。

福利待遇意味着国家为不同类别的公民提供优待。国家制定了如下社会支持措施：向享有优待者给予追加权利或付款，全面或部分地豁免各种义务或付款。

补助金是指在某些情况下由国家向公民提供的金钱，旨在为特定人士或其家庭成员提供物质支持。在下列情况下，国家免费提供资金支持：部分或全部暂时失去的收入（失业补助、临时残疾、怀孕和分娩等），支出增长的家庭（帮助孩子出生、丧葬，有 16 岁以下儿童的家庭等）。社会津贴是人口国家社会提供的一种制度，受联邦立法管制。

补贴金是国家的社会支持。国家补贴的特点是：免费提供，即不要求上缴，严格限定用于某些目的，可用于融资目的或满足法律规定的需要，具有股权融资的性质。除国家支付外，地区预算也需参与。补贴金发行资金的程序受立法管制，俄罗斯联邦预算法和国家社会救助法对其进行了规定。

赔偿费为补偿性付款。补偿性支付是一种对具有能力但处于困境的公民的社会支持方式。俄罗斯联邦公民的援助资金来自各级预算和企业的工资基金。根据立法规定的赔偿类型，赔偿费具体分为两大类：劳动法赔偿和社会支付。

母亲资金设立的目的在于国家需要支持人口增长以实现正常发展，为维持国家人口数量要求，每个家庭至少要有两个孩子出生。2000 年，俄罗斯死亡率上升和生育率下降的趋势看起来势不可挡，人口迅速减少。家长认为他们根本无法提供足够的日常性开支，为成年子女提供自己的公寓和较好的职业似乎不太可能，大多数公民买不起这种物品。因此，为增加国家人口，一定数量的预算经费将用于鼓励家庭生育，生育数量超过两个孩子以上的家庭将获得额外补贴。

退休金作为养老制度的内容之一，其框架更加广泛。俄罗斯立法中有一部分享有高于正常退休金权利的社会群体。

（二）俄罗斯退休金制度和俄罗斯军人退休金制度的关系

俄罗斯联邦当前的退休金制度是新建立的，主要法律依据是 21 世纪出台的《存储退休金法》及《保险退休金法》。可以说，俄罗斯退休金制度仍在改革过程中。俄罗斯退休金制度分 3 个层次：强制退休保险、国家退休供养、个人储蓄养老保险（包括公司养老保险）；以及 4 种形式：保险退休金、国家养老退休金、储蓄退休金、非国家（私人）退休金。

1. 保险退休金是公民按月领取的补偿，其目标是补偿公民（或者丧失劳动能力的家庭）劳动终止后的收入。保险退休金共有 3 种，即养老保险退休金、残疾保险退休金、养家者死亡退休金。

2. 国家养老退休金意味着公民根据国家养老保险法的规定按月收到的款项。国家养老退休金共有 4 种，即国家工龄退休金（向国家公务员、军人提供的）、国家养老退休金、国家残疾人退休金（向军人、伟大卫国战争的参与者、因工业灾难受害的公民等提供的）、军人遗属的国家退休金（主要是向死亡军人的家庭支出的）、社会退休金（向达到退休年龄的公民提供的）。

3. 储蓄退休金是公民按月接收的款项，此款项由雇主支出的保险费组成。

4. 非国家（私人）退休金是依据跟私人退休基金签署的合同，由公民自己支出的金额。

因为军人的特殊法律地位，向退役军人提供退休金的法规是有鲜明特点的。除了上述提到的 2013 年 12 月 28 日出台的第 400 号联邦法律《保险退休金法》和 2001 年 12 月 15 日出台的第 166 号联邦法律《关于国家退休供养》以外，1993 年 2 月 12 日出台的第 4468－1 号法律《关于军人、内务部人员、麻醉品管制局人员、消防局人员的国家退休供养》将部门级的附加退休金具体化。退休金的具体款额根据军人退役时的薪金、军衔和军职而定。同时，第 4468-1 号法律的规定依据第 400 号联邦法律和第 166 号联邦法律制定。

事实上，在具体情况下，退役军人有权获得两种退休金。因退役军人的平均年龄为 45~47 岁，大部分军人退役后还可以工作。所以，他们可以据《保险退休金法》和《国家退休金供养法》的规定获得普通的公民退休金。

（三）俄罗斯军人强制保险制度

军人强制保险制度是另一种向参保者及其家庭提供补偿的方式。服军役是一种很危险的职业，国家责成所有军人以及一些其他国家机构的职员签订保险合同。国家特别指定了所有应签订保险合同的公民类别，包含应征入伍者、合同军、内务部和民防、紧急情况和消除自然灾害后果部的职员、监狱管制局的职员、毒品管制局的职员。俄罗斯《军人地位法》规定，军人和应召进行军事集训的公民在服役（军事集训）期间必须参加国家强制人身死亡和伤残保险。[1] 根据第 165 号联邦法律的规定，保险合同应由保险公司和国防部签订。保险公司是通过国家招标选择的。除此之外，第 165 号联邦法律特别指定保险案例的清单、排除赔偿可能性的案例清单、保险收益款额、受益人清单以及具体规定所需文件和程序。保险事故清单涵盖各种轻重伤、震伤、丧失劳动能力、死亡。1993 年 4 月 5 日颁布的第 295 号决定和国防部长 1993 年 5 月 6 日发布的第 246 号命令及其附件规定，属于保险范围的事件是：军人在服役（军事集训）期间死亡；退役军人在退役（军事集训结束）之后未满一年的时间里因服役（军事集训）期间受伤或生病而发生的死亡；在退役（军事集训结束）之后的一年内因服役（军事集训）期间受伤或生病而出现一级、二级或三级残疾；在服役（军事集训）期间受伤；

---

① 文校. 俄罗斯的军人保险 [J]. 国防，1995（09）：45-46.

认定现役军人因服役期间生病而不适合服役。①

对受益者而言，法律指出 7 大类受益权是可转让的，这 7 类受益者包括：夫妻、父母（或者不少于 5 年内代替他们角色的人）、爷奶（如果能证明他们不少于 3 年养过受害者）、未成年的子女、达到成年的残疾子女（残疾相关级度应 18 岁前证明）、未满 23 岁的子女（如果是大学生们）、由要保人监护的人。保险收益款额不依赖军龄或立功，详见表 4-1：

表 4-1

保险事故	保险收益款额
服役期间内死亡	2 000 000 卢布
服役期间内受伤导致复员后一年之内死亡	2 000 000 卢布
服役期间或者复员后 12 个月之内，因服役时受伤，受伤者达到残废级度（第一度）（必须证明因果关系）	1 500 000 卢布
服役期间内或者复员后 12 个月之内，因服役时受伤，受伤者达到残疾级度（第二级度以及第三级度）（必须证明因果关系）	500 000~1 000 000 卢布
各种轻重伤、骨折、震伤等	200 000 卢布

（四）俄罗斯奖章制度

俄罗斯拥有统一国家奖章制度。俄罗斯联邦奖章法不但具有鼓励作用，而且是社会支持制度不可分割的一个部分。2010 年 9 月 7 日出台的第 1099 号总统令《关于进一步完善俄罗斯联邦奖章制度》在第 11 条中规定："国家奖章的获得者有权接受法律规定的社会支持措施"，国家奖章的获得者因此被视为享受优待者。除此之外，此命令还规定了俄罗斯联邦的奖章种类及其法律地位。根据规定，国家奖章分为最大勋位、奖章、勋章、"勋位"、徽章。国家向军人授予具体的奖章，意味着国家承认该军人为祖国作出的不同贡献。虽然相关法律不包含功勋的定

---

① 文校. 俄罗斯的军人保险 [J]. 国防，1995（09）：45-46.

义，但是上述总统命令所附的各奖章的规章提到功勋的不同等级，即大功勋①、特功勋②、杰出功勋③、特级杰出功勋④、超级功勋⑤，以及具体奖章授予的条件。因此，功勋意味军人为国家作出了突出贡献，并且超额完成了义务，达成了公益。

当前俄罗斯共有 92 种国家级奖章：1 个最大勋位（俄罗斯联邦英雄）、15 个奖章、15 个勋章、59 个勋位、2 个徽章。不言而喻，并不是所有功勋以及相关奖章都涉及军役。建立国家奖章制度的时候，立法者只强调奖章获得者的特别法律地位以及向奖章获得者提供的优待权，如 2002 年 3 月 4 日出台的第 21 号联邦法律《关于向俄罗斯联邦公民因杰出成就提供的薪金补充额》向国家级奖章获得者提供薪金补充的计算条例。此外，联邦法律《关于苏联英雄、俄罗斯联邦英雄以及光荣勋章获得者的法律地位》规定了向俄国英雄提供的优惠。

俄罗斯奖章制度不限于国家级奖章。除此之外，各部门和行业协会都有权授予部门级和行业级奖章，其中就有很多军事相关部门（国防部、联邦安全局、军事检察院等），行业级奖章、相关优抚情况及补充款项由各单位单独规定。如国防部长第 777 号命令《关于国防部部门级奖章》确立了国防部部门级奖章制度。2014 年 10 月 9 日的国防部长第 725 号命令调整了各种部门级奖章提供的补充款项，不过此文件的内容未公开。

第三节　俄罗斯军人优抚待遇情况

一　义务兵优抚待遇

义务兵服役时限为一年，所以义务兵及其家庭享受优惠待遇的期限也为一年，复员后优惠待遇就被撤销。

---

① 父母光荣勋章。
② 友谊勋章、功勋军事飞行员等。
③ 作为一些勋位授予的条件。
④ "祖国功勋"勋章。
⑤ "安德烈·培尔沃兹万内"勋章。

首先要指出的是义务兵的服役。义务兵服役是俄罗斯联邦宪法规定的义务，是他们实现宪法提供的劳动权，并且服役一天相当于工龄两天。[①] 换言之，服役一年后复员的公民享有两年的工龄，这对就业以及退休很重要。大学生如果应征入伍，复员后就享有复学权。工作的人复员之后也享有复职权，但是该权利有三个月的期限。

义务兵服役期间享有接受免费医疗服务的权利，义务兵怀孕的妻子有权领到一次性补贴。2017 年此补贴款额为 2 456 589 卢布（具体款额按比例增加）。怀孕期间不少于 180 天的军人妻子才有权领到补贴。另外，有年龄小于 3 岁孩子的义务兵的家庭有权每个月领到补助金（1 052 824 卢布）。义务兵的母亲享受减少住宅公共服务费的权利，不过此特惠不是普遍性的。俄罗斯物业服务机关为便于计算，用两种计算模式加以区别。按照第一种模式，物业服务机关依据住宅安装的计算设备，就此计算出来应付的款额。第二种模式以户口为准，即物业服务机关依据具体住宅登记的人数计算出来应付的款额。上述特惠限于第二种模式，因为参军的人暂时不用为他提供定额。

如果服役期间应征入伍者死亡，其家庭可领到相当该应征入伍者120 个月薪金的金钱赔偿，死亡者的 3 位家属享受免费前往死亡之地的权利。每一年死亡者的一位家属享受一次免费前往死亡之地的权利。这些路费方面的优惠也用于住院的义务兵。1998 年 5 月 27 日通过的第 76号联邦法律《关于军人法律地位》对军人的大部分权利和特权都进行了调整。

二 合同军优抚待遇

（一）薪金方面

法律规定保证合同军人获得薪金的权利。合同军的主要特点在于履行军人职责是他们的工作。合同军的薪金由两部分组成：合同规定的月

---

① 《关于军人法律的地位》联邦法律 No. 10。

薪和所任职位的月薪（依据具体军人职位提供的薪金加上月薪）。此外，合同军人可以享有相当于奖金支付的额外薪金。

（二）住宅方面

合同军人有权为自己及其家人获得住宅。法律规定国家直接向军人提供住宅的时限，即军人及其家人移动到新工作地点起，获得住宅期限不应超过三个月。公寓或房屋依赖军事部队的所在地。子女多的军人家庭可以优先获得住房。

1998 年之前签订合同的军人购买住房享有国家补贴，或国家帮补购买住宅、建筑房子。同时，军人家庭被认定为贫困，才能领取此类补贴。如果一个军人服兵役总时间超过 20 年，可依靠国家补贴购买住房或建造房子。

（三）公费医疗

军人有权在他们所在地免费接受医疗及护理（包括各种手术）。此权利只有一个限制，即各种医疗应在俄罗斯国内提供，且终身有权免费接受医疗、免费获得药物。

（四）教育权利

合同军人享有受到中等教育和高等教育的权利。如果合同军人的兵役时限超过 3 年，他有权在中高等学校免费学习。

（五）遣散费

合同服务结束，公民有权不续约，且可领取遣散费。具体数额取决于军人服役年限。服役年限少于 20 年，可领取 2 年官方薪水；超过 20 年，可领取高达 7 年的薪水。此外，如果公民因无明显理由而被解雇，他有权要求获得道德和货币补偿。

（六）交通优惠

合同军人以及义务兵均享有一系列交通优待。首先，国家向军人提供免费前往服役地点的交通费。在搬家、出差和治疗时，国家报销相关交通费用。此外，如果军人被分配到一个新的工作地点，他将获得一个托运 20 吨物品的集装箱费用补偿；在远北服役的军人可以指定前往休息的地方，并以自己及其家人为理由返回国家。如果军人使用个人交通工具出差，他有权获得相关补偿，如免费加汽油等。

三 军人家庭优抚待遇

军人的家庭（无论是合同军还是义务兵）也享有一系列优待的权利。军人的妻子享有生育补助及子女抚恤金的款额大于其他享受优待者受到的补助。除了生育补助及子女抚恤金（是一次补助金）以外，军人的妻子也有权每月享有追加补助金，其数额由每一个联邦主体具体调整。军人的孩子可以优先（不按次序）入幼儿园和学校，且国家补偿幼儿园学费的 90%。此外，军人家庭有权享有一年一次免费国内旅游。

军人领到的款项分为经常性的款项和非经常性的款项。经常性的款项包括薪金与附加薪金。合同军的薪金是以特殊模式计算的，该模式考虑了一系列因素，包括军衔、军职、服役环境、工龄、服役中的成就等。根据第 306 号联邦法律的规定，军人有权依法获得附加薪金，即业务水平（譬如，会外语、有多种车型的驾驶证、会处理特殊军事或公民用的设备或机器）、军龄、艰难的服役环境（北极区、潜艇）、许可接触国家机密、非战争期间危险服务（紧急事故后处理）。

跟军龄有关的附加薪金是俄罗斯军人领到的主要附加薪金。军龄超过 2 年的军人就有权领到此种附加薪金。2~5 年军龄的军人附加薪金为薪金的 10%，每 5 年增长 5%，但附加薪金款额不能大于 40%。军人的业务水平是经过定级考试指定的，共有四级，各级领到附加薪金的款额不同：第三级5%、第二级10%、第三级20%、大师级30%。如果军人有权领到的附加薪金是跟接触国家机密有关的，附加薪金款额是依据接触定级计算出来的（能领到的最大款额为65%）。依据艰难的服役环境指定的附加薪金是依据具体情况确定的，能达到100%。除了上述能领到附加薪金依据外，俄罗斯军人还有权一年一次领到相当于月薪款额的附加薪金。

与经常性附加薪金不同，非经常性附加薪金是按具体情况支出的，包括出差费、搬家费、免职费以及因受伤免职提供的赔偿（达到2 000 000卢布）。服役期间残废的军人有权根据残废定级享受相关残废津贴。具体款额依据残废等级计算出来，分别为：14 000卢布（第一级）、7 000卢布（第二级）或2 800卢布（第三级）。

四　退役军人优抚待遇

俄罗斯政府关心退役军人，联邦政府与各联邦主体的政府共同合作，照顾退役军人及其家庭。第73号联邦法律《关于军人的法律地位》基本上规定了向退役军人提供的优惠，但是地方法律也会向退役军人提供附加优抚。退役军人的优惠政策只涉及因下面原因退役的老兵：①达到最大年龄；②健康情况；③计划组织措施。

由国家提供的优抚套餐主要依赖总军龄。按照总军龄可以分出两个大组：总军龄超过20年的退役军人和总军龄不到20年但不少于10年的。各组享受的优抚待遇不同。

总军龄超过20年的退役军人享受以下的优抚待遇：

（1）每年一次免费去医疗院的权利。退役军人的家庭也有权依优惠条件陪他们去疗养院（50%折扣）。

（2）有土地的退役军人享受免土地税的优惠。

（3）退役军人及其家庭可以在属于国防部的医疗机构接受服务。

五　老兵优抚待遇

按照《俄罗斯联邦宪法》第 7 条的规定，俄罗斯联邦作为社会国家，意味着其政策目的在于创造保证人的体面生活与自由发展的条件。俄国公民的劳动与健康受到保护，规定了有保障的最低限度的劳动报酬，保证国家对家庭、母亲、父亲、儿童、残废人和老年公民的支持，发展社会服务系统，规定国家退休金、补助金和社会保护的其他保障措施。换言之，国家面向社会，不忘老年公民曾致力于国家建立、国家发展，理所应当享受优待的权利，国家承担向他们保证优抚的责任。同时，国家了解老年公民中不少人当兵时牺牲自己的性命和健康，因此应获得特殊优待。此外，还有很多立大功受奖的人，他们要额外地给予补贴。基于此，俄罗斯立法者把上述一系列社会群体规定在《老兵法》中。该法律规定了老兵的种类及其享受的不同优待。1995 年 1 月 12 日出台的第 5 号联邦法律《老兵法》共规定了 5 种老兵种类，即伟大卫国战争的老兵、武装冲突的老兵、老职工、军役老兵。

伟大卫国战争的老兵作为人数最多的老兵团。《老兵法》规定，伟大卫国战争的老兵包括但不限于战争时当士兵和军官的军人、游击队员、后勤劳动者、封锁列宁格勒的居民①、参加扫雷活动的人、军事行动引起的小孩残疾等。

武装冲突老兵为参与苏联和俄罗斯联邦时代任何国内外军事冲突的人，包括但不限于：阿富汗战争的老兵、车臣战争的老兵、2008 年格鲁吉亚战争的老兵、叙利亚战争的老兵。

军役老兵是指其军役时期不少于 20 年，并且军役期间获得奖章。军役时期因受伤变成残疾人的军人应当得到同等看待。

---

①　围攻从 1941 年 9 月 9 日开始至 1943 年 1 月 18 日，一条狭窄的通往城市的陆上通道被建立为止，而围攻全面结束于 1944 年 1 月 27 日。列宁格勒围城战是近代历史上主要城市被围困时间最长、破坏性最强，和死亡人数第二多的包围战。

"老职工"也可依据《老兵法》获得优惠法律地位。《老兵法》关于"老职工"的规定有一点模糊及矛盾。按照《老兵法》，想被认为"老职工"的公民应符合一系列特征，其中一个特征在于享有"老职工证"。该矛盾在苏联时代，苏联政府曾向劳动模范授予"老职工"奖章以及奖章附加的社会优惠套餐。苏联解体后，俄罗斯联邦政府企图支持公民在苏联时代获得的社会地位。因此，上述老职工证相关的规定涉及《老兵法》出台前获得老职工证的公民，需要证明他们符合《老兵法》对"老职工"提出的要求：其一，公民应享有不少于 25 年（女 20 年）的总工龄（截至 2016 年 6 月）；其二，获得行业的奖章；其三，行业内工龄不应少于 15 年。因军役也算作工龄，在国防部单位当文职的退役军人也有权获得"老职工"的法律地位以及相关优惠。

除了上述 4 种老兵类别外，《老兵法》单独规定"伟大卫国战争和其他武装冲突的残疾人"，立法者不认为他们是单独的"老兵"种类，但是因军役残疾可以作为各种老兵领取社会优抚的附加准则。《老兵法》其他条款中，立法者列举了各种老兵有权享受的特殊优待以及规定国家为实现优惠政策而采取的措施。

《老兵法》以及其他法律向伟大卫国战争老兵提供的优抚可以分为每月津贴、社会支持措施和税收优惠待遇。社会支持措施是《老兵法》同第 178 号联邦法律《公家补助法》共同规定的，其套餐包括但不限于：退休金优惠、由联邦预算一次性提供的住房（不管财产状况）、水电费补偿（50%）、优惠治疗、提供假体（除牙齿外）、不按次序由社会支持组织提供优抚（比如安老院）、公家补助套餐（免费治疗药物、治疗证、优惠交通）。伟大卫国战争的老兵享有每月津贴的权利，是由地方退休金基金支出的款项，其具体款项是由《老兵法》直接规定的（第 23.1 条），即是 2 316 卢布。但是，考虑到通货膨胀，联邦政府每年使津贴款项指数化，政府单独规定具体系数。当前系数是 2018 年 1 月 26 日第 74 号联邦政府命令《关于制定指数津贴、补贴、赔偿款项的系数》规定的。在税收方面，必须注意《老兵法》本身未规定向老兵提供的税收优惠待遇，具体规范由税法典以及其他属于税法规范性文件的规定。向老兵提供的税收优惠包括但不限于个人所得税、交通工具税、土地税和财产税，即伟大卫国战争的老兵享受500卢布的所得税扣抵权利；免一个应税项目的税费（应税项目的地籍价格不应大于300万卢布）；用老兵名义登记的一辆汽车免交通工具费。

总而言之，各种老兵的享受优惠待遇没有本质上的区别，每月向各种老兵支出津贴的数额也差不多一样。

第四节　俄罗斯军人优抚社会参与机制

一　士兵母亲委员会

士兵母亲委员会是1989年4月建立的全俄维权社团组织。1988年，苏联政府决定撤销向大学生提供的缓役，几万已入大学的公民被应征入伍，导致全俄聚集抗议。该聚集抗议由大学生们的母亲安排。玛丽亚·吉尔巴索夫是抗议活动的发起人。结果，大约两万应征的学生们从部队回家，继续在大学受教育。回家的学生们提到他们在当兵的时候人权受到侵犯（在媒体中叫做"非条令性相互关系"），吉尔巴索夫就决定了建立一个常设的维护军人权利的组织。

当前士兵母亲委员会从事多方面维护军人权利的活动，即调查、预防和制止军队中非条令性相互关系［包括但不限于：老兵侮辱新兵的不道德行为、应征入伍者非条令用途的运用（私人设施的建筑、私人卫队服务等）］、调查和预防军队中因患病和非战斗负伤导致的损失、为遭受不幸的军人创设法律救济中心。除此之外，士兵母亲委员会还积极参与各种人道主义使命，协助换俘过程。

二　老兵会议

老兵会议是俄罗斯最大的维护老兵权利的民间团体，建立于1986年12月17日（建立后几次更换名称，现在正式的名称为"全俄战争老兵、老职工、武装力量机关和护法机关老兵的社团"，简称"老兵会议"）。老兵会议的第一个主席是基里尔·马祖罗夫，他也是苏联部长会议的第一副主席。每一个联邦主体（共85个）都有老兵会议的代表处，成员总人数超过28百万。老兵会议从事的活动包括但不限于：维护老兵的人身权、公民权和劳动权，改善老兵经济情况，向老兵及其家庭提供法律支持，精准扶贫，发展志愿者服务及公益活动，青年爱国主义教育。根据2017年老兵会议发表的报告，40%的俄罗斯老兵被视为家境贫困者、10%需要家庭护理、20%需要医院治疗。另外，老兵会议同"俄罗斯搜索运动"共同从事搜索战争时死亡军人遗体和重新安葬、照顾葬地、重建墓碑等工作。

▶▶▶▶▶▶ 第 五 章 ◀◀◀◀◀◀

德国军人优抚保障制度

第一节　德国军队概述

一　德国军队简介

德国的军事传统非常具有自身特色。在德意志第二帝国时期（1870—1918 年），军队发挥了重要作用。第一次世界大战结束时，根据《凡尔赛条约》，德国几乎完全非军事化。纳粹德国时期（1933—1945 年），军队成为独裁统治的主要元素之一，并作为侵略者发动了第二次世界大战。当时的"国防军"也犯下了战争罪，但德国最终被击败。因此，第二次世界大战结束后，德国的两个部分——德意志联邦共和国（联邦德国）和德意志民主共和国（民主德国）直到 20 世纪 50 年代中期都没有军队。

当东西方的政治冲突导致出现所谓的冷战时，第二次世界大战的胜利者——西方的美国、英国和法国以及东方的苏联，允许甚至再次要求德国建立军队，即德意志民主共和国的国家人民军和德意志联邦共和国的联邦军（联邦国防军）。1990 年德国统一后，民主德国的国家人民军解散，因此有必要关注的是联邦国防军——统一的德国军队的军事人员的社会保障。

早在联邦德国建立联邦军的 50 年代，人们便反对德国再次拥有军队。英法此前都声明反对联邦德国重新武装，尤其是法德关系紧张，更加反对联邦德国建立军队。但东西方冲突使德国再次拥有了一支军队。为了与苏联进行军事抗衡，在朝鲜战争爆发后，美国决定重新武装联邦德国。1954 年，联邦德国与美国等 9 个国家签订了《巴黎协定》。1955年 5 月《巴黎协定》生效后，联邦德国获得主权国家地位，被允许成立一支 50 万人的联邦国防军，以平等成员国身份加入北大西洋公约组织。①

二　士兵的地位

新军队基于"穿制服的公民"的想法而建立，这意味着军队不再是一种特殊的阶级，但军队应该为国家服务，因此，军事人员一般会受到与其他公务员一样的对待。

在公共服务部门工作的人可能会具有与私营经济中工作的人同等的地位。如果他们的身份属于公务职员，将享有一般社会保障制度的保障，包括法定年金保险、法定医疗保险、长期护理保险、法定事故保险和失业保险。此外，这些人还有一个特殊的补充养老金制度，这一补充养老金制度被称为"公务附加照顾"。为公务职员建立补充养老金制度的目的在于使其获得同公务员类似的较高的养老照顾水平。

在公共服务部门工作的另一种可能的状态是"官员"，即公务员。这种特殊的地位是一种特殊的状态，它基于为国家服务的理念，因此国家保证为这些人提供可观的收入。这被称为照顾原则，是一种构建社会保障系统的原则，指的是基于一些特别的事务，如作为公务员从事公务而获得给付请求权。公务员照顾体系在联邦层面主要规定于《联邦公务员照顾法》中，各州可能会作出特别规定，或规定适用《联邦公务员照顾法》。除长期护理保险外，他们不受其他社会保险的保护，他们有一个特殊的养老金制度，不是基于工作生涯中的平均收入，而是基于供职年限和退休时的工资。这种养老金不是缴费型的，而是从一般公共

---

① 吴明. 德国、意大利的军人优抚保障 [J]. 中国社会工作, 1998 (5): 52–54.

预算中支付。公务员发生疾病时，可以从职务长官处获得补助，补助的范围根据职务以及从事事务的不同而有所不同，这也是非缴费型的，并由税款支付。这意味着，他们将自行支付从职务长官（即德国法上雇用公务员的主体）处获得的疾病补助之外的一定比例的支出，为此他们可以通过私人医疗保险来支付其余部分的医疗支出。在职务事故中也有特殊保护——以同样的方式提供资金，这部分主要被规定于《联邦公务员照顾法》第 30 条以下。

现在，上述适用于公务员的规则一般也适用于职业军人。考虑到军人职业的特殊性，这些规则进行了一些修改，但与其他公共服务领域相比，没有为军人提供任何特权。

第二节　德国现役军人优抚制度

一　临时士兵服役后融入普通民众生活

德国现在拥有一支专业的军队。士兵可能作为职业军人终生提供军事服务，或作为期间士兵或志愿士兵（即依照《士兵法》第 58 条提供志愿军事服务的士兵）在一定年限内服役于军队。其中，期间士兵服役时间远长于志愿士兵。后文将期间士兵与志愿士兵统称为"临时士兵"。士兵可以是男性或者女性。

士兵中的大多数只服务若干年而不是终身服务，即大多数士兵不属于职业军人，而属于临时士兵。这尤其适用于军队中较低级别的军人。有一些措施可以帮助他们服役后在普通就业领域工作。这些措施主要规定于《士兵照顾法》（SVG）第二章第一节中。例如，军方提供有关如何获得工作的信息，安排课程，并拥有自己的职业学校。德军规定，服役 8~12 年的军人可在服役期间获得 15 个月的职业教育；服役 12 年的军人可获得 24 个月的职业教育。德国军官在服役期间要接受民用专业的培训，学习和掌握一到两门专业知识和技能。① 对军官来说，联邦国防军有两所大学，一所在汉堡，一所在慕尼黑。除两所大学外，德军目前还有 79 个就业培训地点、56 项培训措施、39 种晋级进修，包括技师、专业商人、商业管理等。② 它们的教育除了提供对于军队某些领域必要的技能，还提供技术领域和经济学方面的研究，以使这些人获得服役结束后在军队以外从事工作的资格。就药剂学和医学方面而言，士兵必须在普通大学学习相关课程，军队将支付费用和学习期间的工资。

通过上述措施，士兵将为结束军事服务后的普通生活做好准备。这也是为了使服役成为有吸引力的职业。德国的失业率很低，军队以外的其他工作机会较多。

在军事服务之后，还有一些特殊优惠政策可以帮助士兵融入普通就业市场。此外，如果在联邦政府、州政府和地方政府工作，还有一项优惠待遇。这样做的目的是让士兵更容易找到工作，更容易融入一般公共服务。

期间，士兵可以在服役结束时收到过渡金，金额为其最后一个月的职务薪酬的 75%。过渡金给付时间的长短取决于服役时间，服务 4~5 年给付 12 个月的过渡金，过渡金服务至少 12 年后给付 60 个月的过渡金，按月支付。过渡金的规定见《士兵照顾法》第 11 条。过渡金有助于士兵再次融入普通民众生活，是对其服务的额外补偿。

临时士兵服务结束时还有一次性付款，金额取决于从事军事服务时间的长短，从服务不满 18 个月最后一个月工资的 1.5 倍到服务至少 20 年最后一个月职务薪酬的 12 倍不等。对于服务时间较短的志愿士兵而言，在满足一定条件时还可以依照《军人工资法》（WSG）第 9 条获得离职金以及依照《生计保障法》 （USG）第 21 条获得过渡津贴（Überbrückungszuschuss）。此外，由于军人自身的特殊地位，志愿士兵没有被失业保险覆盖。

---

① 山乔. 英国、德国退役军人安置概览 [J]. 中国人才，2011（8）：39-43
② 山乔. 英国、德国退役军人安置概览 [J]. 中国人才，2011（8）：39-43.

二 危险人员的特别一次性事故补偿

依照《士兵照顾法》第 63 条的规定，如果士兵在执行危险任务时遭遇事故，并经联邦国防部或相关部门确认其职业能力因为此次事故而持续性地至少损害50%的收入能力，则其可以获得一次性事故补偿。这适用于飞行任务期间战斗机中的士兵，执行任务期间的空降兵、山地救援兵、水下侦察兵、拆弹兵、潜水员、非常危险的任务中的潜艇人员等。除了养老金之外，士兵或其遗属将获得一笔一次性赔偿金。这笔补偿金的额度为每位士兵 150 000 欧元。如果士兵死亡，则寡妇/鳏夫加子女的补偿金额度为 100 000 欧元；如果没有配偶，则其父母加子女的补偿金额度为 40 000 欧元；如果没有配偶、子女或父母，则其祖父母与孙子女的补偿金额度为 20 000 欧元。所有这些情况一般也适用于其他危险任务。

按照《士兵照顾法》第 63c 条的规定，类似条件下，士兵在国外执行特殊任务时也将获得一次性的特殊补偿——这也适用于创伤后应激障碍。此时，按照《士兵照顾法》第 63d 条的规定，如果职业能力减少 50%以上，职业军人将获得上文所述规定于《士兵照顾法》第 27 条的残疾养恤金。

三 医疗保健

所有士兵都受到免费的军队医疗服务的保护。具体规定见《联邦军队医疗照顾办法》（BwHFV）。他们的亲属要么加入法定医疗保险，要么通过公职人员的一般制度获得补助。后者意味着部分医疗费用由联邦国防部偿还——大约 70%或 80%——其余部分则由私人医疗保险承保。

德国还有一个军事医院系统，分别位于柏林、汉堡、韦斯特、乌尔姆和科布伦茨。这些设施特别适合士兵使用，也可供其亲属和军队以外的普通民众使用。

四　长期护理

德国有一个涵盖所有人的长期护理保险制度，即所有德国公民都有义务参加长期护理保险，这也适用于所有士兵。他们可能会被法定医疗保险或私人医疗保险所覆盖，而保险保费则由士兵和军队各负担一半。

第三节　德国退役军人优抚制度

一般来说，士兵被视为特殊的公务员。以下规则首先适用于终身士兵，即职业军人。下面区分老年、残障、死亡而分述其对应的给付情况。

一　养老金

养老金是一项非缴费型制度。同《联邦公务员照顾法》的规定类似。根据《士兵照顾法》第二章第二节第二项以下的规定，职业军人的退休金同样依据可计算退休金的职务薪酬以及可计算退休金的职务期间计算，第 17 条列举了可计算退休金的职务薪酬的范围，其中尤其重要的是薪酬等级的基本工资。原则上，根据达到退休年龄、残障和死亡前的最后薪酬等级确定可计算退休金的职务薪酬并提供福利。第 26 条规定了计算退休金的方法：每满一年可计算退休金的职务期间，即支付 1.793 75% 的可计算退休金的职务薪酬。也就是说，原则上，服务 40 年后退休金额度可以达到 71.75%——不过退休金的最高额度不能超过 71.75%——所以有时需要相应减少养老金。另外，获得养老金请求权需要 5 年的等待期间。对于没有资格获得这种养老金的人，可以在事后追溯性地参加法定年金保险，这被称为"事后保险"。事后保险参保后，他们将被视为一开始就在一般系统的法定年金保险中——该系统在参保人老年、残障和死亡时提供相应给付。

德国《军人供给法》对德国军官的养老金制度进行了规定：军官退役后，可终身领取退休金。军官退休金依照服役年限，按相应比例领取：服役 10 年以下者为原薪的 35%；服役 10~25 年者，每年增加 2%，即服满现役 25 年者可领取原薪金的 65%；服役 25~35 年者，每年再增加 1%，即服满现役 35 年者可领取原薪金的 75%。退休金最高可达服役时最高工资的 75%，最低不能低于 1 300 欧元。每年还会有 2% 左右的上调。[①] 德国军官退役时还一次性发给一定数额的补助金，并且不纳税。这样，即使军官退役后不找工作，也可以达到中上等生活水平。[②]

对于某些士兵，如战斗机飞行员，通常退休年龄比公民低得多。应用上述公式会因强制提前退休而降低退休金。为了解决这个问题，在计算退休金时，对这些人的职务期间赋以更高数值的金额（见《士兵照顾法》第 26 条第 4 款的规定）。

按照《士兵照顾法》第 28 条的规定，如果士兵提前退休，他们也可以申请一次性支付部分养老金作为资本补偿金，以用于建立企业或购买房地产，这一条的实际效果已得到充分证明。不过，如果退役的职业军人年龄超过 57 岁，其对资本补偿金的申请通常会被拒绝，而且其数额限制在 22 000 欧元左右。如果在通常的退休年龄之前退休，可能会额外支付达 4 000 欧元的费用。

士兵的退休年龄与他们的军衔和服务类型有关。将军、上校、军官、军事音乐和地理信息官员在 65 岁退休。对于所有其他军官，一般为 62 岁。中校的退休年龄为 61 岁，少校为 59 岁，船长、中尉为 56 岁，下士和中士为 55 岁。战斗机飞行员和其他战斗人员可能在 41 岁退休。这些退休年龄似乎并不是特权，而是考虑到不同职位和任务的实际需求。

① 李广宇. 军人社会保障的国际经验及对我国的启示 [J]. 上海保险，2012 (9)：49-51.
② 山乔. 英国、德国退役军人安置概览 [J]. 中国人才，2011 (8)：39-43.

二 离婚时的收益分享

在德国，离婚时有一个收益分享制度，这被称为"照顾平衡"，具体规定于《照顾平衡法》（VersAusglG）。这一制度意味着在离婚的情况下，婚姻期间获得的养老金请求权或信贷权将在配偶之间平均分配。这也适用于士兵。

三 失业保险

对职业军人来讲，失业的风险并不存在。但是如果临时士兵服役多年，失业就是一个问题。他们的地位类似公职人员，这意味着他们在军事服务期间没有失业保险，这也意味着在军事服务结束后他们没有资格获得失业保险金。对于那些一般是"官"的公务员来说，这种影响是不利的，对于非终身士兵来说也是如此。

在士兵服务不超过两年的情况下，其可能基于失业保险的一般规则，依其在成为士兵之前的工作而获得失业保险金（所谓的失业保险金Ⅰ，区别于兜底性的失业保险金Ⅱ，即"哈茨Ⅳ"）。失业保险金的支付期限长度取决于发生失业前5年内个人从事有保险义务的工作的时间长短，并与个人的年龄有关。在失业者未满50岁之前，其最长可以获得12个月的失业保险金。失业保险金的额度在没有子女的情况下占其最后净工资收入的60%。

但是对于服务超过两年的士兵来说，这是不适用的。如上所述，这可能会以他们在服务结束时收到的钱得到某种程度的补偿，包括期间士兵可以获得的按月给付的过渡金；期间士兵服务结束时可以获得的一次性过渡补助；以及志愿士兵服务结束时可以获得的一次性离职金以及过渡津贴。

另外，当上述所有失业情形下的给付请求权都已实施而仍存在失业时，可以在满足法定要件时获得"失业保险金Ⅱ"。

第四节 德国军人伤残抚恤制度

一 残疾养恤金

适用于职业军人的残疾养恤金规定于《士兵照顾法》第 27 条。事实上，如果享有一般公务员待遇的人员遭遇生命危险，而且残疾是由于这种特殊危险所致，便会在公务员的退休金制度中找到发生职务事故时的残疾养恤金条文。一般公务员与士兵之间的区别仅在于后者通常会面临生命危险。实际上，《士兵照顾法》第 27 条大量援引了《联邦公务员照顾法》中关于发生职务事故时的残疾养恤金规定。如果职业军人基于职务事故导致残疾，则残疾养恤金是根据职业军人完整结束职业生涯后所能达到的薪酬等级计算的。在这种情况下，他的服务会被特别考虑。

在其他情况下，若残疾是由其他一般原因造成的，仍可依据可计算退休金的职务薪酬以及可计算退休金的职务期间来计算其养老金。计算前者时，按照该职业军人在到达其退休年龄时本应能够达到的薪酬等级来计算其基本工资；计算后者时，亦会额外增加年数，（参见《士兵照顾法》第 17 条 2 款，第 25 条 1 款）。

按照《士兵照顾法》第 39 条的规定，如果职业军人由于军事服务损害造成残疾而不得不在满 45 岁之前退休，他将获得与服务期为 8 年的士兵相同的职业援助。

二 遗属照顾金

期间士兵和志愿士兵死亡时的遗属照顾给付主要规定于《士兵照顾法》第 41 条。如果临时士兵死亡，其遗属将获得特殊的遗属照顾福利，如果在服役期间死亡，则可获得更高的福利。所有这些都适用于同性婚姻。

按照《士兵照顾法》第43条的规定，职业军人的遗属将像其他公职人员（公务员）一样获得遗属福利。所有这些都适用于同性婚姻。

在士兵失踪与推定死亡的情况下有特殊和等效的规则，规定于《士兵照顾法》第44条。

第五节　结论

正如本章开头所提到的，与其他国家相比，德国对军队的看法有所不同。因此，对士兵的社会保障与普通民众类似，士兵在社会上没有特权，也没有特殊的社会保护。在德国已经非常健全的社会保障体系的背景下，超水平的特权也是不合理的，很可能违反德国联邦宪法的平等原则。

但德国也考虑到了士兵的特殊情况，比如，他们可能在国外开展军事任务，或者他们的任务可能比一般工作更危险，还考虑到作为士兵需要体力，因此退休年龄必须进行相应的调整。同时，一些任务是非常危险的，如果发生事故并存在一定因果关系，应该有一种特殊的补偿制度。最后，考虑到仅服役一段时间的士兵必须具备融入普通民众生活的能力，德国通过包括两所大学在内的职业教育和在服务结束时的一次性支付来解决这一问题。

►►►►►► 第 六 章 ◄◄◄◄◄◄
法国军人优抚保障制度

法国军人安抚制度，即法国军人的服役待遇、养老待遇和伤残待遇大致始于中世纪晚期，当时正值封建社会解体，王权扩大，法国开始设立常备军队。为了让军人成为有吸引力的职业，解除军人的后顾之忧，国家设立士兵伤残抚恤金，为在作战中受伤的军人及其家属解决医疗、养老和抚养问题。在此后的几个世纪中，军人安抚制度经历了多次变革，日益制度化、正规化，各军种的安抚制度趋于统一。第二次世界大战以后，军人安抚制度开始逐渐并入其他非军事的国家公务员制度。2001 年，法国全面实行军队职业化后，军人在薪酬、医疗、养老和伤残抚恤方面几乎不再享有特殊待遇。为了全面了解法国的军人安抚制度，回顾其起源、历史演变以及目前的现役军人、退役军人、伤残军人及其家属的安抚制度是非常必要的。

第一节　法国军人安抚制度的历史

一　法国军人安抚制度的起源

军人安抚制度无疑是和军人的身份紧密联系的。在古代，封建制度下的法国没有国家常备军队，国王出征主要依赖贵族提供的军事力量。直到 1445 年，法国国王查理七世才首次尝试组建国家常规部队。

国家常规部队组成后，随即提出了国家对士兵承担的责任。中世纪时期盛行"骑士精神"，认为武士应该战死疆场、马革裹尸，军人不应当考虑如何面对退休的日子。实际上，由于军事活动的特殊风险，伤兵的善后问题必须考虑，因为对伤兵的处理直接影响军人的士气，需要安抚军队的措施。法国在设立了常备军队后开始建立伤兵抚恤制度。1585年、1586年、1604年、1624年、1629年的法令分别规定：上尉和残废士兵可以在国家的修道院或宗教信仰地休假。在没有足够位置的情况下，伤残人员将获得一笔抚恤金，抚恤金从修道院的收入中提取。

二　法国军人安抚制度的历史演变

（一）制度雏形

法国的军人安抚制度大致起源于 17 世纪末法荷战争时期。当时的荷兰是海上强国，其海军曾经数次击败英国舰队。为了招募精干的水手，强化海上军事力量，法国国王路易十四于 1673 年 9 月 23 日下诏，改善水兵的抚恤待遇，以解除其后顾之忧，规定扣除海军军官和水手的部分津贴创建两家医院用来治疗受伤的水手，并支付残疾的海军养老金，于是创建了罗什福尔和土伦的两家医院，治疗受伤的水手直到治愈，如果他们得了不治之症，将被照顾到死亡为止。这是法国首次以国王诏令的形式确定军人抚恤制度。

1674 年，路易十四再次下令兴建荣军院，用于长期安置残疾士兵。后来，巴黎荣军院成为法国军人抚恤制度的象征。此后建造的先贤祠（1757—1790 年）廊柱顶端的铭文写着："伟人们，祖国感激你们。" 1776 年 12 月 22 日法令和 1778 年 11 月 8 日的国王诏书强调："国家因为感恩将抚恤金发给所有因为战争而病残的军人。"法国大革命时期，立宪会议于 1790 年 8 月 2 日通过法律，再次表示对病残军人要以抚恤金的形式表达国家的感激。

然而，感恩的养老金不是支付给所有服役期满的退役军人，而仅保留给那些有严重疾病的老兵。1776 年 3 月 25 日颁布的条例规定："任何有能力而离开王家军队服役的人不得向国家提出任何要求，因为国家已向其支付了薪水。"该条例第一次提到了养老金的计算原则：养老金等于服役最后 8 年军衔津贴平均值的一半；截肢者的养老金则为其津贴的全部。同时，有资格领取养老金的军人也可以选择入住荣军院养老，但是这意味永远放弃养老金。当时，选择领取养老金的退役军人也可以在以后的日子里决定放弃养老金，到荣军院养老。

（二）陆、海军养老、抚恤制度

法国海军养老、抚恤制度最重要的规定源于 1788 年 6 月 24 日关于海军养老金的条例，可以说这是第一次具有普遍意义的军人养老金制度。该条例规定，服役超过 20 年的军官以及服役不到 20 年但因伤残而无法服役的军官均可领取养老金。养老金的标准根据军衔等级确定，约为军人津贴的 1/4。同时，该条例首次将军人养老金扩大到军人家属，即如果士兵阵亡，并且其遗孀收入不足，也可以得到国家的补贴。

到 1789 年法国大革命前夕，法国的军人安抚制度大致如下：对陆军来说，只有严重病残的军人才能得到优抚和补贴。在海军方面，则诞生了两个新制度：一是通过截留在职军人津贴的一部分，设立接待病残老兵的制度，该制度具有现代社保制度的互助性质；二是退役军官的养老金，类似于如今的退休金。值得注意的是，这些制度存在很大的不确定性，因为安抚制度以及抚恤金额都是由国王决定的，主观因素很强，受王位交替影响很大。同时，军人安抚制度的成本随着年份的增加而增加。初期每年约耗资 400 万里弗尔（法国古币），到了法国大革命时则升至 6 000 万里弗尔，增加了十多倍，形成沉重的财政负担。正是由于财政负担过重，1790 年立宪会议表示，要以抚恤金的形式表达国家对病残军人的感激，曾经希望的从立法角度确立抚恤金制度以失败告终。

拿破仑执政时期，少有颁布关于军人安抚制度的重要法规，而且大部分法规颁布不久就被废除。

1819 年 7 月 14 日的法律确立了军人安抚制度量入为出的原则，并规定用于抚恤的总金额只能通过法律修改。除此以外，没有对军人安抚制度作出重要的修改。

1830 年 7 月 27 日"七月革命"爆发，复辟的波旁王朝被推翻，路易-菲利普国王建立了"七月王朝"。

1831 年 4 月 1 日的法律确立了军人安抚制度的法律框架。

"七月王朝"复辟时，许多拿破仑时代服役的老兵生活状况艰难，对拿破仑时代十分怀念，这对"七月王朝"构成了潜在威胁。在这种情形下，"七月政府"颁布了两部关于军人养老金的法律，即 1831 年 4 月 1 日《关于陆军养老金法律》和 1831 年 4 月 18 日《关于海军养老金法律》。这两个法律是前文提到的 1788 年 6 月 24 日条例以外的另一个重要改革。新法是通过国务委员会、战争高级委员会、海事委员会和议会等机构经过长期研究讨论后形成的，比以往的制度更具有系统性，使得海军和陆军的抚恤制度更趋于一致，同时将军人养老金制度以立法形式固定下来，军人领取养老金的权利得到承认，使得军人养老金制度更加稳定，军人的权利得到更有力的维护，同时减少了以往军人养老金制度的任意性，也稳定了财政开支，得到了军人养老金享有者和纳税人的赞同。1831 年 4 月 1 日的法律奠定了法国此后近百年军人安抚制度法律框架。这一制度一直到 1924 年才发生重大转变。

1831 年 4 月 1 日的法律规定：在海军服役至少 25 年，在陆军服役至少 30 年才能领取军人养老金。在海军服役 45 年、在陆军服役 50 年者可享有最高军人养老金。至于阵亡将士的遗属，此前的规定要求只有收入低于规定标准的寡妇才有权领取。根据新的法律，结婚 2 年的寡妇均有权获得遗属抚恤金，不必提供收入证明。同时，21 岁以下的孤儿也有权领取抚恤金。

军人养老金不可被扣押，不可转让，军人养老金领取者不能同时谋取其他职业收入。军人养老金享有者在触犯法律时（如丧失法国国籍等）可以被暂停甚至取消。

在上述法律的议会讨论中，曾经提出过这样一个问题，即新的规定是否对过去的军人养老金有溯及力。最终，1831 年的立法委员决定将新规定限于"尚未登记"的军人养老金。也就是说，没有赋予新法律以溯及既往的效力。

1831 年法律确立的制度直到 1924 年都没有大的改变，这主要是因为拿破仑一世的征战结束后，法国进入了一段相对和平的状态，除了在阿尔及利亚的殖民扩张以外，没有特别重大的对外战争，更多的是国内社会政治问题。

拿破仑执政期间没有对军人安抚制度作出实质性改变，只有小的调整。例如，1855 年 4 月 26 日、1861 年 6 月 25 日以及 1869 年 4 月 10 日的法律分别将陆军士兵、非作战人员以及海军士兵的军人养老金领取标准从原先的 30 年服役期减至 25 年服役期。此外，1860 年设立了陆海军国家捐赠基金，基金来源于社会捐赠，用于支付退役军人和伤残老兵养老金以及阵亡士兵遗属的补贴，支付标准大体依照此前的规定。1862 年 6 月 28 日的法律将养老金制度扩展至海军兵工厂的工人以及大批在殖民地从业的民事办公人员和普通船员。服役 25 年以上的海军军官的遗孀也有领取抚恤金的权利。

1870 年普法战争的失败导致拿破仑三世退位和第三共和国诞生。1874 年 7 月 10 日和 8 月 5 日议会通过法律，降低了军人退休年限，规定只要在陆军和海军中服役 15 年，即有权申请军人养老金。

1919 年 9 月，法国为修改军人安抚制度，专门成立了一个院外委员会，该委员会于 1921 年提交正式报告，在该报告基础上，议会于 1924 年 4 月 14 日投票通过了《关于改革非军人和军人养老金的法律》。这个法律完成了军人养老金与非军人养老金制度的统一，强化了军人遗孀的权利。此前，只有其丈夫服役超过 25 年的寡妇才有权领取抚恤金，1924 年改为 15 年，甚至再婚军人的第二任妻子也可以享有抚恤金。寡妇的抚恤金相当于其丈夫服役最后 3 年津贴的一半，符合条件的寡妇还可以领取临时孤儿抚恤金，被承认的私生子女与婚生子女有相同的权利。

（三）战争期间安抚制度的变迁

1840 年后，法国的工业革命开始取得较大的成就，特别是在对外商业发展和铁路运输方面。然而工业革命虽使资本家腰缠万贯，财富不断增加，同时，广大工人、农民和小资产阶级更加贫困，成千上万的手工业者和小业主由于大工业的竞争而纷纷破产，农民则苦于各种苛捐杂税。法国社会出现了严重的社会危机和经济危机，终于引发了 1848 年的"二月革命"。"七月王朝"在 2 天内顷刻崩塌，被第二共和国取代。但是这个共和国也只存在了三年半。

1848 年 12 月 10 日，路易·拿破仑·波拿巴（史称拿破仑三世）当选总统。由于立法议会多数反对拿破仑三世修改宪法，他在 1851 年 12 月 2 日发动政变，1852 年 12 月 2 日宣布成立帝国，史称"法兰西第二帝国"。在第二帝国时期，为了争夺欧洲大陆优势和继续进行海外殖民侵略，法国多次进行对外战争，包括阿尔及利亚战争、1853—1856 年的克里米亚战争、法奥战争、法墨战争。

1914 年夏，第一次世界大战爆发。但是在战争初期，法国的军人安抚制度管理混乱，导致出现许多纠纷。1915 年 7 月，法国成立了国家卫生总局并着手重整军人安抚制度。

第一次世界大战是欧洲历史上最具有毁灭性的战争。开战 1 个月内就有将近 10 万法国士兵战亡。到 1918 年战争结束，法国有 140 万人死亡，其中大部分为军人。战争留下了超过 60 万寡妇、100 万孤儿和 500 万残疾人。当时法国著名的政治家克雷孟梭于 1917 年 11 月 20 日在众议院的演讲中说："那些为我们迫不得已投入战斗的法国人对我们拥有权利"，再次提出国家对退役军人应该负有"感恩的义务"。此前将补贴与丧失工作能力的程度相对应，将军人养老金作为服役的补偿等做法开始有实质性改变。在军人抚恤方面，更强调当事人的身体状况，而不再是其工作能力，同时逐渐将军人退役制度与其他国家文职公务员的退休制度靠拢。即根据军人的身体状况确定其伤残等级，根据军人退役前

3 年津贴的平均额确定其养老金。同时，与文职公务员待遇一样，如果退役军人在最后服役的 2 年前完婚，则其遗孀有权领取其一半的养老金。

由于战争期间生活费用越来越昂贵，因此抚恤金率的提高也被考虑在内。法国想利用这种情况，从根本上改变抚恤金的计算原则，但是时间紧迫，为了解决时下需要，暂时于 1917 年设立了"临时津贴"，并逐年增加。

1919 年 3 月 31 日，战争结束不久，法国议会通过法律《关于因战争截肢者的补偿权》，确立了第一次世界大战老兵与战争受害者的补偿权，特别是该法第 1 条规定：共和国感谢拯救国家命运的人们，根据本法的规定宣布承认下列人的补偿权：因战争致残的陆海军军人和为法国献身者的遗孀、孤儿和长亲属。

1919 年 3 月 31 日法律后来成为《军人伤残养老金与战争受害者法典》的奠基石。该法典的第 1 条明确宣布："法兰西共和国，感激拯救国家命运的参战老兵和战争受害者，向他们和他们的家人致敬。"

之后，1939 年爆发第二次世界大战，1945 年战争结束后，法国正式建立了国家统一的基本社会保障制度。1945 年 10 月 4 日的政府法令成为现行社会保障制度的基础，该法令保留了此前的特别保障制度，其中包括军人社会保障制度。

（四）义务兵制度的变迁

1789 年的法国大革命引起周边国家的不安。神圣罗马帝国、大英帝国、普鲁士王国、西班牙帝国、荷兰和撒丁王国组成反法同盟，攻打法国。虽然这个联盟在 1797 年被拿破仑所率领的法国、意大利方面军击败，但是如此大规模的战争要动用众多的士兵。1798 年，法国议会通过了茹尔丹法律，确定了普遍义务兵制度，要求所有年龄在 20～25 岁的法国男性公民一律应征入伍。该法律使后来的拿破仑一世得以征用大量的士兵：1792—1815 年，至少有 500 万军人出征作战，这对当时总人口不到 3 000 万的法国而言，可谓是惊人的数字。

1814 年，拿破仑一世被迫退位，法国结束了长达数十年的战争状态。复辟的波旁王朝开始改革兵役制度，茹尔丹法律被宣布无效，义务兵制度也被废止。

1818 年 3 月，古伟恩·圣西尔法重新规定了军队以及军人服役制度：义务兵制度被自愿入伍和抽签应征的方式取代。同时允许被抽中而不愿服役的年轻人出钱雇佣他人代替入伍。当时通过这些方式征用了 24 万军人。这部法律还允许通过考试或者奖励的方式获得军衔，从而打破了高级职位只留给贵族的传统。

1872 年普法战争结束后，法国再次恢复了义务兵制度，实行抽签制。根据当年通过的西赛法律，被抽中的年轻人必须服 6 个月到 5 年不等的兵役。1905 年 3 月 21 日法律取消了抽签制，规定所有适龄男性公民一律有应征入伍的义务。

（五）伤残抚恤制度的变迁

战争必然导致伤亡，尤其是拿破仑一世统治晚期。1812 年 5 月，拿破仑组建 65 万大军远征俄罗斯，虽然起初几场战役都比较顺利，但是冬季到来，法国军队缺少冬季作战物资储备，面对俄军的进攻，法国军队阵亡 20 万人，逃出俄罗斯的士兵不到 3 万人。长期的大规模战争给当时的法国造成众多的战争遗留问题，特别是残废军人和阵亡军人遗属的安置和安抚问题。

1803 年 4 月 28 日通过的法律规定了退役、负伤和因伤致残军人的退役津贴制度。根据这项法律，退役军人、负伤和因伤致残的军人有权领取不超过其服役津贴一半数额的养老金。同时该法还规定，阵亡将士的遗孀和子女也可领取补贴。

1949 年 4 月 12 日通过的关于军人社会保障制度的法律设立了国家军事社会保障基金（CNMSS），负责管理军人及其家属的社会保障，即国家作为雇主，为军人提供失业、残疾和养老，以及军队健康保障和服务的机构。采取这一举措主要是考虑到军人社会保障的特殊性，如军队部署的分散性、军人的流动性、军队内部编制的复杂性、军队内部设置的卫生机构等，有必要进行针对性管理。除此以外，还考虑到基本社会保障制度是由劳资代表和政府三方管理，这种管理模式无法适用于军人的社会保障制度。最后，政府对国家军事社会保障基金的监督控制可以更有效地保证国家军事社会保障基金与国防部的社会保障机构以及三大军种内部的卫生机构的协调合作。如今，法国国家军事社会保障基金仍然负责军人及其家属的社会保障。

1951 年，《军人伤残养老金与战争受害者法典》正式颁布，经过不断修改，至今仍然有效。

综上所述，法国军人安抚制度发展史也是退役军人权利不断扩大的历史，从军人抚恤制度形成早期的公益特性（宗教救助和自愿捐款等）演进到现代国家和社会对军人的安抚特征，促使军人更加安心服役。此外，安抚体系还纳入了军人的"坚强的后盾"——军人家属（主要是军人配偶和子女），比如，帮助其配偶就业、看护子女等。

如今，随着时代的变化，法国军人安抚制度的内容也更多地体现了对军人给予多方位的"社会支持"，帮助军人解决新出现的问题，比如，如何保证军人子女的身心健康；如何使军人在面对新型的恐怖袭击等情况下拥有良好的心理状态；如何在财政困难的情况下保证军人及其家属的权利；如何保证军人退役后的就业；如何帮助军人及其家属租房购房；如何使军人的权利更加透明并且信息化。

第二节　法国现役军人安抚制度

1996 年，时任法国总统希拉克表示要建立一支现代化、职业化的武装力量，并宣布了建设职业化武装力量的 6 年改革计划，改革结束时，绝大部分成为自愿入伍的军人。这一改革于 2001 年完成，从此，法国告别了实行一个多世纪的义务兵制度。

目前，法国军人分为职业军人和合同军人。军官通常是职业军人，他们原则上通过军事学校的考试选录，也可以根据考试从其他军事人员或官员中选择。士兵和水手多以合同招募，与国防部签订最多 10 年的合同，在合同结束前，国防部可以提出续签新合同。有时士兵和水手也可以成为职业军人。

一旦作为军人被招募，即享有工作保障，他们只有在一些特定情况下才会失去职业军人的身份。通常，志愿军人的服役期限不超过 5 年，合同制军人的服役期限不超过 20 年，职业军人的服役期限不超过 27 年。军官最高服役年龄是：尉官 52 岁、少校 54 岁、中校 56 岁、上校 57 岁、准将 58 岁，少将和中将 60 岁，上将 61 岁，空军飞行军官提前 4~6 年退出现役。① 军衔有一个年龄限制，比如：陆军士官服役年龄上限为 47 岁，尉官和校官的服役年龄上限为 59 岁，将官的服役年龄上限为 63 岁。目前，军人平均退役年龄为 43 岁。

军人因其职业特征，一般不能违背命令，必须集体行动，且长期远离社会和家人。军人在执行任务时受伤的可能性也非常大。根据法国《国防法典》第 L4111-1 条第 3 款的军人条件涵盖军事状态特有的义务和限制，还涉及国家为军人提供的保证与补偿，可能会影响到军人职业的吸引力及军人职业生涯，影响军人的士气及其家属的生活质量、军人职业条件和环境、为伤病员及其家属提供的支持，以及退役条件和再就业条件相关的规章制度，经济、社会和文化措施。

军人的职业收入主要来自津贴。法国从 1948 年公布《国家公务员报酬法》以来，一直对公务员、法官和现役军人统一实行指数工资制。军人每月收到津贴，津贴主要根据服役期限和军衔等因素确定。比如，以 42 岁军人为例，士兵的年薪约为 16 000 欧元，有学历的士官的年薪约为 22 000~27 000 欧元，少尉的年薪约为 30 000 欧元，上尉的年薪约为 32 000 欧元，少校的年薪约为 32 000 欧元，上校的年薪约为 45 000

---

① 孟李，袁潇. 浪漫之国的务实之举：法国军官退役安置一览［J］. 中国人才，2006（4）：52-54.

欧元等等。

据统计，国家军事社会保障基金（CNMSS）2015 年的财政预算为 20 亿欧元（不包括国家补助与个人赠予）。每年国家军事社会保障基金提供大约 1.1 万笔补贴，比如，帮助身残、年长、患病或怀孕者处理家务的费用就有 473 万欧元，等等。

除了由国家军事社会保障基金提供的强制基本社会保险以外，军人还可以选择购买额外的自愿保险。法国主要的军人自愿保险机构是法国国防部认可的 Unéo 基金。该基金自称有 90% 的现役军人和 70% 的退役军人购买了 Unéo 保险。Unéo 基金可以用于不属于基本医疗保险报销范围的医疗、生育、丧葬方面的开支。

法国军人福利包括各种补贴、津贴、补助金和奖金。补贴和津贴主要依据军衔、家庭情况、服役地区以及职业类别等来确定。奖金包括月职业奖金、自愿服役鼓励金等。补助金主要指家庭补助金，只要是家里有一个小孩、领取特别累进工资的合同制军人，都可以领取非常丰厚的家庭补助金。法国军人的住房主要由国防部行政管理局的住房处负责，对于租房以及自己拥有住房的军人，每月都会发放市政公用建设使用费补助金，同时当地的社会保障机关也会提供租金优惠。①

根据《国防法典》，军人可以享受各种不同的服务。比如，军人可以享受免费住房或者住房补贴，调动补贴，因执行任务、承担风险、服役地点以及完成任务等相关的特殊补贴。有子女的军人还可以享受家庭补贴，等等。

军人的家庭也得到国家的多方照顾。军队设有卫生部门，包括 31 个部队医疗中心（CMA）和 12 个跨兵种医疗中心（CMIA），以及 9 所部队医院（HIA），为现役军人与其家庭提供免费就诊和医疗服务。此外，考虑到军人调动频繁，国家允许军人家庭在一定的条件下报销搬迁费用。军人无论是因公或因私乘坐火车，都可享受 2.5 折，军人的家属可以享受 5~7.5 折，阵亡军人家属可享受 2.5 折。

---

① 李广宇. 军人社会保障的国际经验及对我国的启示［J］. 上海保险，2012（9）：49-51.

军人可以申请补贴旅游券，还可以申请文化中心等地的优惠门票等。国防部认为这些活动有利于军人家庭与外界社会环境保持联系。

频繁的调动还会导致军人及其家庭的居住条件比一般人更加困难，再加上法国大多数城市的房价上涨速度快，容易出现军人家庭安置困难的问题。因此，国家相应地制订了帮助军人购房计划，有家庭负担的军人（包括配偶、签订正式同居民事协议的伴侣、子女或被赡养人）都可以申请加入这一计划，但只有少数人能够获得补助。随军搬迁的军人家属比普通人更容易失去原有的工作，考虑到这一点，军队服务中心会帮助军人的配偶寻找工作，军人年幼的子女也会得到照顾。

越来越多的公益协会也开始投入帮助军人与其家人的社会支持工作中，有些公益协会得到了国防部的补贴资助。例如，具有独立法人资格的军队社会管理机构（IGeSA）属于国家单位，成立于1966年，主要负责管理国防部社会宣传费用和补贴，但更重要的是管理军队的社会娱乐建设。该组织参与管理70多所旅游居住中心和语言交流中心，为军人子女提供娱乐设施。

退役军人离开队伍后，通常会离开国家军事社会保障基金而返回其入伍前所属的社会保险制度（通常是国家统一基本社会保险制度）。如果退役军人离开军队后找到新的非军事就业，则应加入统一基本社会保险体系或者特殊社会保险制度（如铁路职工社会保险、电力职工社会保险或自由职业社会保险等）。退役后不再从事任何职业活动、靠养老金生活的军人依然可以留在国家军事社会保障基金内部。

军人养老金为军人在退休前6个月平均支取的薪水的75%。法国现行法律规定，军官必须在至少服役27年以上，军士在至少服役17年以上才能领取根据上述公式计算的养老金。法国军官退役后可享受退役金待遇，月领取数额根据军龄的长短和军衔的高低等有所区别。凡军龄满15年、年龄满50岁的退役军官，每月可领取原薪80%的退役金。原薪金随政府物价上涨指数的增长而增加（法国政府每3个月公布一次物价上涨指数），但薪金的百分比数不变。在部队服役15～18年的上尉或少校军官，退役时可领取相当于退役时 42 个月薪金的退役补助金，凡未达到正常退役年限而提前 4 年退役的中校以下军官，可领取高一级军衔的退役金；军衔满 4 年以上的上校和将官退役时，可在 5 年内领取原薪和住房补贴；将官退出现役后仍享受火车票减价 75% 的待遇，其实际收入要比相应级别政府官员的退休金高 10%~20%。因此，法国退役军官一般都能过上比较富裕殷实的生活。

领取养老金的退役军人可以同时领取其他规定收入。如军人伤残养恤金，在私营部门、国家部门获取的其他收入，来自地方当局或医院公共服务机构或类似机构的收入。

如果军人退役后需抚养未成年子女，可领取补助，如需抚养 3 个未成年子女，每个子女补助 10% 的退休金，且根据物价上涨程度和政府规定的物价指数提高补助金额。[①]

军人退役后申请养老金时，要把所有要求的文件都寄给相关的国家养老金管理中心。与其他的养老金一样，军人养老金是在每个月底通过银行转账支付。养老金第一次支付时，退役军人会收到一份养老金清单。随后，养老金支付单就不再每月寄送，除非养老金数额有变化。

退役军人可以重新就业。如果通过再就业获取的年总收入少于他养老金总额的 1/3 与 6 948.34 欧元的总和，则可以领取其全部养老金。如果超过此额，则超过部分将从养老金中扣除。应该指出的是，退役军人必须在其退役中心申报自己的新工作及其带来的收入。

对于向退役军人提供的转业服务，根据 2007 年法国出台的《军人普通地位法》，通常有以下三种情况：

一是按照合同年限服役 4 年以下的普通士兵，这部分人占每年退役军人的 1/3，通常不享受职业培训服务，只是进行一般性的信息咨询和就业指导服务。

二是服役年限超过 4 年的，可享受包括就业指导、职业培训、就业

---

① 孟李，袁潇. 浪漫之国的务实之举：法国军官退役安置一览 [J]. 中国人才，2006（4）：52-54.

陪伴在内的全部转业服务项目。

三是普通士官服役年限在 15 年以上，军官服役年限在 25 年以上的，除可以享受全部转业服务项目外，到私营企业就业的，还可按月领取一定数额的退役金，约为军队收入的 60%。[①]

第三节　法国伤残军人安抚制度

一　法国伤残军人安抚制度

法国军人依据《残疾军人及战争受害者的抚恤法典》（CPMIVG）享有领取伤残抚恤金的权利。

法国在 1919 年创建了伤残军人抚恤计划。根据《残疾军人及战争受害者的抚恤法典》的规定，在服役期间受到伤害或疾病达到一定的残疾程度的军人，有权领取伤残军人抚恤金。所谓"残疾"，主要指：

·因服役期间的战争事件或事故导致的残疾；

·因服役或在服役期间感染的疾病导致的残疾；

·由于服役或者在服役期间病情恶化，虽然病情起因与服役无关。

申请伤残军人抚恤金的军人一般必须证明其伤害或疾病是服役期间或由于服役行为造成的，并且事实与其所提及的残疾医疗证明之间存在因果关系。在特定条件下产生的伤害或疾病可以通过推定的方式确认。在这种情况下，军人不必提供证据证明服役与伤残之间存在直接且确定的关系，因为可以推定这个关系存在。

《残疾军人及战争受害者的抚恤法典》规定，参加执行任务的士兵在整个任务期间均被视为服役。因此，在执行任务开始和结束之间发生的事故（包括专家或测试行动，或训练或分级）而受到的伤害均被推定与服役有直接并且确定的关系。如果伤残或病痛是军人自主行为造成的，也可能导致失去享受伤残抚恤金的权利，但是必须有相关的证据。

---

① 郭传宣. 法国退役军人安置与培训概况［J］. 中国人才，2011（20）：38-43.

《残疾军人及战争受害者的抚恤法典》除了要求申请人的伤害或疾病与服役存在因果关系以外，还要求其伤害或疾病具有一定的严重性：如果是单一性的伤害或疾病，则要求伤害程度比例大于10%，要求和平时期的疾病程度比例大于30%，要求战时的疾病程度比例大于10%。对于复合型伤害或疾病，要求伤害导致的疾病程度比例大于30%，要求复合疾病程度比例大于40%。伤残程度比例由行政部门任命的专家医师根据"残疾人安排表"确定。

伤残抚恤金的水平首先根据伤残程度比例和申请人的军衔确定一个分数，然后根据国家规定的分值确定伤残抚恤金的具体数额：伤害或疾病程度比率+军衔=分数。目前的分值为13.94欧元。将该分值乘以所得分数即可算出伤残抚恤金额。

伤残抚恤金根据当事人的健康状况，可以是临时性的、一次性的或长期的。临时性抚恤金通过各种身体检查可能转为一次性抚恤金（3年或者多次3年），如果当事人的健康状况好转，抚恤金将被取消。终身残疾者的伤残抚恤金可一直领到达到法定退休年龄，然后其伤残抚恤金将转换成残疾退休金。

除伤残抚恤金外，某些类别的残疾人还可获得额外的福利或津贴：

· 根据《残疾军人及战争受害者的抚恤法典》第 L.131-1 条享有的重级残疾人的特别津贴；

· 《残疾军人及战争受害者的抚恤法典》第2章第3节第1册规定的战争残废者的特别津贴；

· 结核病照顾津贴：如果患者因为结核病无法从事任何工作，可领取短暂的抚恤金，患者的住院费用都由国家支付。根据患者的康复状况，这项津贴将由护理津贴或其他津贴代替。

二 法国伤残军人配偶或正式同居伴侣（PACS）和孤儿安抚制度

法国不仅伤残军人本人可以领取伤残抚恤金，《残疾军人及战争受害者的抚恤法典》第 L.2 条规定："和平时期的军事人员在战时，其尚存的配偶、孤儿和子女可以在一定条件下领取抚恤金或补助金，获得补偿的权利。"

根据《残疾军人及战争受害者的抚恤法典》第 L. 141-2 条的规定，军人的遗孀或幸存的正式同居伴侣有权按照以下条件领取抚恤金：

·军人在死亡前领取不低于 60%的永久性或临时性伤残抚恤金；

·军人因伤残或者服役/战争期间的伤残死亡，不管其伤残程度的百分比是多少；

·军人因服役导致的疲劳、危险或事故而导致患病后死亡，不管其伤残程度的百分比是多少。

如果幸存的配偶或伴侣死亡或无法领取养老金，则该权利应转给死者的子女。

第七章

日本自卫官社会优抚保障制度

第二次世界大战后，日本取消军队，设立自卫队。自卫队虽在职责上与国家军队无异，但不等同于军队，具有其特殊性。具体而言，在组织定位上，与其他国家在宪法中明确军队定位的做法不同，日本宪法规定日本不保留军队，实行三权（即立法权、行政权、司法权）分立政权架构。在整个日本法律体系中，国家行政组织法和防卫省设置法将自卫队置于行政权下，与其他行政机关相同，发挥行政职能，遵守行政基本原则，即所做出的行政行为必须以国内法依据为前提。但在分配任务上，自卫队与其他国家军队一样，以维护本国的独立为主要任务，具有对抗外国侵略、国家防卫的作用。

基于自卫队工作环境和任务的特殊性，为保障自卫队的作战实力，确保招聘人员的质量和数量，日本政府对其社会优抚具有一定的偏向性。本章主要从退休相关制度的视角，以自卫队的部分人群（即自卫官）为主要对象进行介绍。

第一节 日本自卫官概述

一 日本自卫官、自卫队、自卫队员、防卫省职员的关系

日本自卫官与自卫队、自卫队员和防卫省职员等相互联系，并自成体系。自卫队是拥有行政职权的内阁（《日本宪法》第 65 条）隶属机关（组织）。作为内阁代表的内阁总理大臣对自卫队享有最高指挥权和监督权（日本《自卫队法》第 7 条）。根据日本《自卫队法》第 2 条第

1 项对"自卫队"的解释可知,自卫队不仅包括陆上自卫队、海上自卫队及航空自卫队,还包括防卫大臣、防卫副大臣、防卫大臣政务官、防卫大臣助理官、防卫大臣政策参事及防卫大臣秘书官、防卫省事务次官

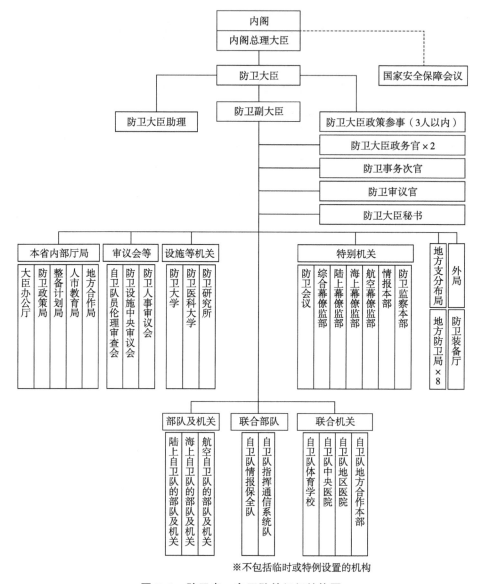

※不包括临时或特例设置的机构

图 7-1 防卫省・自卫队的组织结构图

来源:《防卫白皮书 2020》,https://www.mod.go.jp/e/publ/w_paper/pdf/2020/DOJ2020_

Digest_CH.pdf。

及防卫审议官以及防卫省本省内部厅局、防卫大学（此处的防卫大学为防卫高等学校）、防卫医科大学、防卫会议、统合幕僚监部、情报本部、防卫监察本部、地方防卫局等机关［（政令规定的合议制的机关及《防卫省设置法》（1954 年法律第 164 号）第 4 条第 1 项第 24 号或者第 25 号所示的事务部门及职务政令规定的除外］及防卫装备厅（政令规定的合议制机关除外）。在日本，防卫省同自卫队经常是一起出现的，即"防卫省·自卫队"，防卫省和自卫队在概念上基本相同。

根据 2020 年日本防卫省官网刊登的《防卫白皮书 2020》中关于防卫省·自卫队的组织结构图，自卫队各个机关的上下级关系如图 7-1 所示。

所谓自卫队员，是指防卫省职员中，除去防卫大臣、防卫副大臣、防卫大臣政务官、防卫大臣助理官、防卫大臣政策参事、防卫大臣秘书官、第 1 项政令规定的合议制机关的委员、在同项政令规定的部门局工作的职员及担任在同项政令规定的职务的职员以外的职员（日本《自卫队法》第 2 条第 5 项）。而自卫官是拥有等级的自卫队员，可细分为陆上自卫官、海上自卫官和航空自卫官，各系统中自卫官的等级划分如表 7-1 所示。

表 7-1　日本自卫队等级

共同称呼		陆上自卫队的自卫官	海上自卫队的自卫官	航空自卫队的自卫官
干部	将官	陆将	海将	空将
		陆将补	海将补	空将补
	佐官	一等陆佐	一等海佐	一等空佐
		二等陆佐	二等海佐	二等空佐
		三等陆佐	三等海佐	三等空佐
	尉官	一等陆尉	一等海尉	一等空尉
		二等陆尉	二等海尉	二等空尉
		三等陆尉	三等海尉	三等空尉
准尉		准陆尉	准海尉	准空尉

共同称呼		陆上自卫队的自卫官	海上自卫队的自卫官	航空自卫队的自卫官
曹士	曹	陆曹长	海曹长	空曹长
		一等陆曹	一等海曹	一等空曹
		二等陆曹	二等海曹	二等空曹
		三等陆曹	三等海曹	三等空曹
	士	陆士长	海士长	空士长
		一等陆士	一等海士	一等空士
		二等陆士	二等海士	二等空士

来源：笔者根据日本《自卫队法》第32条、《防卫白书》[令和元年（2019）版]卷末资料制成。

综上，防卫省职员并不意味着是自卫队员，自卫队员也不意味着是自卫官。防卫省职员、自卫队员、自卫官三者是包含关系，即防卫省职员包含自卫队员，自卫队员包含自卫官。

二 日本自卫官的行政定位

1950年，作为自卫队前身的国家警察预备队在成立时被定位为公务员。而在日本，根据就职对象的不同，公务员分为地方公务员和国家公务员。地方公务员是指在地方自治体（都道府县、市町村等）工作的公务人员，其职责主要是为自治体的居民服务。国家公务员是指在国家机关单位工作的公务人员，其职责是处理国家相关业务。根据公务员从事行政事务的不同，又分为一般职公务员和特殊职公务员。对于何为特殊职公务员，日本《地方公务员法》和《国家公务员法》均作出了举例规定。具体如表7-2所示。

根据前面所介绍的防卫省职员、自卫队员、自卫官三者之间的关系可知，防卫省职员是包含自卫官的，自卫官在行政组织定位中属于日本的特殊职国家公务员（如图7-2所示）。因此，在日本的社会保障制度体系中，自卫官适用日本特殊职公务员的优抚制度。由于优抚制度的范围很广，包括收入、奖金、社会地位保障、福利保障、医疗支援、抚恤金等，本章主要从年金、再就业支援、退职后政策的扶持对日本自卫官的优抚制度进行介绍。

表 7-2　日本特殊职公务员

地方公务员的特殊职	国家公务员的特殊职
①必须根据公选或者地方公共团体的议会选举、表决或者同意才能就任的职位； ②地方公营企业的管理者以及企业团体的企业长的职务； ③法令、条例、地方公共团体的规则或地方公共团体的机关所制定的规程设置的委员及委员会成员的职务中，从事临时或非常勤的事务； ④在都道府县劳动委员会的委员的职务中常勤的事务； ⑤临时或者非常勤的顾问、参与、调查员、嘱托员以及类似职员的职务； ⑥地方公共团体的首长、议会的议长、其他地方公共团体的机关首长的秘书职务中，条例所制定的事务； ⑦非常勤的消防团员及水防团员的职务； ⑧特定地方独立行政法人的董事、监事、理事	①内阁总理大臣； ②国务大臣； ③人事官以及检察官； ④内阁法制局长官、内阁危机管理监及内阁情报通信政策监、国家安全保障局长、内阁官房副长官补、内阁广报官及内阁情报官； ⑤内阁总理大臣辅佐官； ⑥副大臣、大臣政务官、大臣辅佐官； ⑦内阁总理大臣秘书官、国务大臣秘书官及特别职机关的秘书官中人事院规则指定的职务； ⑧必须通过选举，或者必须经过国会两院或者一院的表决或者同意才能任职的职员； ⑨宫内厅长官、侍从长、东宫大夫、式部长官、侍从次长以及法律或人事院规则中指定的宫内厅其他职员； ⑩特命全权大使、特命全权公使、特派大使、政府代表、全权委员、政府代表或全权委员的代理以及特派大使、政府代表或全权委员的顾问及随员 ⑪日本联合国教育、科学与文化组织国内委员会的委员； ⑫日本学士院会员； ⑬日本学术会议会员； ⑭裁判官及其他的裁判所职员； ⑮国会职员； ⑯国会议员的秘书； ⑰防卫省的职员； ⑱独立行政法人通则法第 2 条第 4 项规定的行政执行法人的董事、监事、理事

来源：笔者根据日本《地方公务员法》第 3 条和日本《国家公务员法》第 2 条制成。

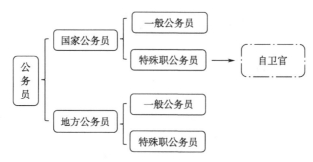

图 7-2　日本公务员组织结构图

来源：笔者根据日本《国家公务员法》和《地方公务员法》制成。

第二节　日本自卫官优抚制度的历史

日本自卫官优抚制度的前身为军人恩给制度，即日本最早的优抚制度。恩给制的初衷，旨在为保障退役军人或者因公负伤的军人正常生活，给予金钱的制度。其后，适用对象逐渐扩展至军人的家属或因公殉职军人的遗属等。恩给分为普通恩给和增加恩给。普通恩给是军人完成必要年数的任职，退休后所得到的金钱。增加恩给是针对符合一定条件的军人，在普通恩给的基础上额外增加的金钱。

一　《关于陆军负伤军人以及遗属的扶助法令》

1875 年 4 月，日本公布了《关于陆军负伤军人以及遗属的扶助法令》[①]，该法令是日本最早关于恩给的规定。该法令主要适用于日本陆军，并以扶助负伤军人和因公殉职军人的遗属正常生活为目的。该法令明确规定了增加恩给和伤病赐金，即对于因在战斗或公务中负伤而不得不退职的军人，给予终身的增加恩给或者一次性伤病赐金，对于战斗或

---

①　日文原名为"陸軍武官傷痍扶助及ヒ死亡ノ者祭粢並二其家族扶助概則"。

者公务中死亡军人的家属，给予经济上的援助。[①]

增加恩给制度的初衷是补偿公伤致残的军人因伤病所带来的痛苦。这也被认为是增加恩给名字的由来。[②] 但由于该法令只规定了增加恩给，并未规定作为基础的普通恩给。从这一点来说，该法令在具体实施中不能体现立法者的初衷。次年 10 月，该法令被废止，取而代之的是陆军恩给令。

二 陆军恩给令

对比关于陆军负伤军人以及遗属的扶助法令，陆军恩给令不仅新增了普通恩给的规定，对于增加恩给部分也做了更为详尽的规定。具体如下：[③]

（1）根据军人级别的不同规定了不同的退休年。下士官[④]和兵的退休年为 35 岁，准士官以上级别的军人退休年为 45 岁到 60 岁之间。并在此基础上规定了退役军人获得普通恩给的条件。即下士官和兵只有满足 15 年以上的服役期，才能享有普通恩给权，而准士官以上级别的军人则为 25 年。

（2）根据伤病程度的不同，区分了不同的增加恩给。首先，根据伤病程度的不同分为 3 个等级。最重症的情况下，准士官以上级别的军人可获得各级别的最高普通恩给金额的 1.2 倍，下士官以下级别的同样可以获得 1.3 倍的给付。因为其他的伤病程度低，因此将不享受增加养老金的给付，但是因为在战斗或者公务中受伤而不能继续任职的准士官

---

① 今城徹．战前期日本的军人恩给制度（戦前期日本の軍人恩給制度）［J］．大阪大学经济学，2014（02）：88.

② 参照日本总务省官方网站资料"恩给コラム"：https：//www.soumu.go.jp/main_content/000331565.pdf#search='%E6%98%8E%E6%B2%BB8%E5%B9%B4+%E6%81%A9%E7%B5%A6。

③ 今城徹．战前期日本的军人恩给制度（戦前期日本の軍人恩給制度）［J］．大阪大学经济学，2014（02）：90.

④ 日语中的士官和将校并没有很明确的区分，"将校"一词是在 1887 年以后开始使用的，之前主要使用的是"士官"一词（参照秦郁彦．日本陆海军综合事典（日本陸海軍総合事典）［J］．东京：日本东京大学出版，1991：738）。

以上的军人，或者不能服役、连生活都困难的下士官以下的军人，可获得各阶级最低恩给金作为伤病补贴。

（3）新增了享受经济援助的军人家属的顺位。第一顺位为妻，第二顺位为未满20岁的男女孤儿。对于配偶的经济援助有以下两点规定：①因战斗或者公务中的伤病而死亡的军人的妻子，可获得丈夫军人级别的最高普通恩给额的一半。②已经享受养老金的，或者享有享受该养老金权利的丈夫死亡的，其妻子可领取丈夫军人级别的最高普通恩给额的1/4。

另外，1883年9月，日本再次公布了陆军恩给令。此次法令的变化主要包括以下几个方面：①

（1）缩短了获得普通恩给权的最低服役期限。下士官以下的军人从15年缩短为11年，准士官以上的从25年缩短为11年。

（2）扩大了普通恩给的发放范围。除了满足最低服役期限而退伍的军人和满足最低服役期限而因公致残不得不退役的军人可获得普通恩给外，未满最低服役期限而因公致残，且伤残满足一定程度的军人，同样可获得普通恩给。另外，对于因公致残的军人，在获得普通恩给的基础上，同样可获得增加恩给。

（3）提高了对军人遗属的经济援助金额。对于已经获得受给权但死亡的军人的妻子，可获得的经济援助金额从之前的1/4提高为2倍。

（4）扩大了经济援助金的给付对象，从军人的妻、子扩大到军人的父母、祖父母。即军人因战斗或者履行公务的过程中死亡的，没有接受经济援助的妻和子，但是有依靠军人工资生活的父母、祖父母，且该父母没有其他可依靠的孩子，该祖父母没有其他可以依靠的子、孙的，可获得经济援助。

（5）新增了普通恩给和增加恩给以外的补偿情形。如在还没有得到普通退休金的领取权之前，由于战斗或者履行公务过程中的伤病退伍

① 今城徹.战前期日本的军人恩给制度（戦前期日本の軍人恩給制度）[J].大阪大学经济学，2014（02）：90~91.

的，其伤病尚未达到享受增加恩给的下士官以下的军人，可以享有作为一次性补贴的救济金。下士官以上的军人在现役中死亡，或者工作 5 年以上，在退伍后没有领取恩给和扶助金的，其家属或本人可领取作为一次性补贴的给助金。无论是救济金还是给助金，具体金额依据军人的具体级别而定。

同时期还存在海军恩给制度，为将两者统一，1890 年 6 月，日本公布了《军人恩给法》。

三 《军人恩给法》

1890 年 6 月《军人恩给法》公布，该法律较之前的恩给法令没有太大的区别。值得注意的是，从《军人恩给法》的出台到 1923 年制定的《恩给法》将其取代之前，《军人恩给法》进行了多次修正，修正的重点主要是恩给额和恩给对象的范围。

例如，1902 年 4 月的修改将救济金的设定在原来的因公务死亡和公务以外的事由死亡两个情形的基础上，新增了战死或在战斗中负伤而死亡的情形，并且规定因后者而获得的救济金额高于前两种情形的救济金额。1904 年 4 月的修改将增加恩给的设定分为两种情形，即因战斗而负伤的和因履行普通公务而负伤的，且前者所享有的增加恩给额高于后者所享有的增加恩给额，并且降低了可获取救济金和一次性救济金的对象（妻子、父母、祖父母、兄弟姐妹）条件。1910 年 4 月的修改将恩给、救济金的丧失请求权时效期间从之前的 3 年延长至 7 年。1911 年 4 月的修订从整体上提高了恩给额的给付。[1]

从几次修改的内容来看，恩给的金额在不断提高，恩给的对象也在不断扩大。但是在之后的具体实践中，该法律给予军人及其家属的实惠

---

① 今城徹. 战前期日本的军人恩给制度（戦前期日本の軍人恩給制度）[J]. 大阪大学经济学，2014（02）：91.

并不理想，主要表现在以下两个方面：① 第一，军人及其家属领取的实际恩给额是减少的。由于通货膨胀，日本物价在上升，导致恩给额的增加与支出额的上升不相称，使得军人及其家属领取的实际恩给额减少。第二，不做区分地发放恩给金，使得一部分退役军人生活困难。具体来说，领取普通恩给金的人一般可分为三类，分别为边领取恩给金边就业的人，难以像正常人一样就业而获取增加恩给的人，以及失去家庭支柱的遗孀。不做区分地发放恩给金，最直接的后果就是将有限的恩给金进行没有重点的分配。对于第一类领取恩给金的人来说，无论领取金额的多少，都不会对其生活造成太大影响，因为他们还可以通过劳动获得其他收入。但是对于后两类领取恩给金的人来说，领取的金额数至关重要，因为领取金额的多少直接关系到生活能否维持。因此，不做区分地发放恩给金显然有失公平。

四 《恩给法》

为解决上述问题，日本在 1923 年公布了一直延续至今的《恩给法》，该法律不仅详细地区分了恩给的种类，同时也再次提高了恩给的数额。首先，该法将恩给细分为以下六种情形：②

（1）普通恩给：任职一定年限，或者因公导致身心患有显著残疾的情况下给付的，可以称为年数或者年功恩给的一般年金恩给。无论是准士官以上还是下士官兵，获得普通恩给的最低在职年限均为 11 年。

（2）增加恩给：因公务而患病，从而导致身心显著残疾的，除了普通恩给之外额外发放的年金性的恩给。

（3）一次性恩给：未达到恩给年限而离职所获得的一次性补贴。

---

① 今城徹. 战前期日本的军人恩给制度（戦前期日本の軍人恩給制度）[J]. 大阪大学経济学, 2014（02）：94-96.

② 石﨑吉和，等. 旧軍における退役軍人支援施策——大正から昭和初期にかけて——（旧军的退役军人支援政策——从大正到昭和初期——）[J]. 戦史研究年報, 2012（01）：19-20.

一次性恩给，是对于作为下士官级别以上的军官在职 1 年以上，尚未达到普通恩给给付年限的退职者所支付的。

（4）伤病赐金（伤病补贴）：仅限下士以下军人享受的优惠，是对因公务而受伤或患病并在一定期限内离职，且症状较轻、尚未达到获取增加恩给或伤病年金的军人支付的临时补贴。

（5）扶助费：这是给领取普通恩给的军人死亡的，或者有资格领取但尚未领取普通恩给的军人死亡的，又或者因战争、公务死亡的情况下，向死亡军人的遗属（祖父、祖母、父亲、母亲、丈夫、妻子、孩子、兄弟姐妹等，在同一户籍内的人）支付的类似于年金性的给予。战死的情况下，支付标准为普通恩给的全额；因公务而致死的情况下是 1/2；普通死亡则为 1/3。

（6）临时扶助费：主要有 2 个种类，即"在一定条件下给公务员的兄弟姐妹的临时津贴"和"未到恩给年限、在职期间死亡的公务员遗属的临时给付金"。

其次，恩给的数额也呈上升的态势。以普通恩给为例，如表 7-3 所示。

表 7-3　《军人恩给法》与《恩给法》的普通恩给额对比图

单位：日元

官等	在职年	军人恩给法			恩给法	
		1890 年	1911 年	1920 年	1923 年	1933 年
大将	30 年	1 975	2 070		2 950	2 850
少将		1 383	1 460	1 885	2 204	2 128
大佐	20 年	863	1 036	1 523	1 808	1 748
少佐		518	622	977	1 277	1 235
大尉		320	414	679	923	893

来源：海军省编《海军制度沿革 卷 6》（原书房：《明治百年丛书》1972 年版，第 570 页）。

此次制定的法律虽然通过大大增加实际的恩给额暂时缓解了退职军人、残疾军人及其家属的生活困境，但是急剧增加了日本的财政负担，导致社会上出现了"恩给亡国论"的说法。于是，为了缓解恩给与财政的矛盾，1933 年 4 月修改的《恩给法》旨在控制恩给的支出。具体

包括以下几个方面：①

（1）获得普通恩给的最低服役年限被延长。准士官以上的军人从11 年延长至 13 年。下士官不变，为 12 年。获得一次性恩给和一次性救济金的最低服役年限也从 1 年延长至 3 年。

（2）制定了防止因退职前的晋升而造假增加恩给额的方法。由此，全公务员的恩给额计算的基础从退职时的薪水变为退职前一年间的薪水总额。但是有一特殊情况：各阶级的军人在其最低服役年限退职可以获得普通恩给额的 3 倍作为假定薪水年额，原则上过去 2 年以上没有晋升，而退职年只晋升 1 级的，该退职前恩给额的增加是被承认的。

（3）对伤病恩给做了更详细的规定。对于被认定为永久性伤病的下士官以下的军人制定了新的伤病恩给。

（4）制定了暂时恩给，并且对于退职之后再就业军人或其他公务员，规定了返还临时暂时恩给的方法。

（5）降低了年轻人的普通恩给额。

（6）恩给年额超过 1 000 日元，与其他所得合计超过 6 000 日元以上的军人，降低恩给支给额。

（7）开始实施恩给纳金，即下士官以上的军人每月的薪水的 1% 上缴国库。

以上即为战前日本恩给制度的大致演变。可以看出，该时期的日本恩给制度不仅规定了日本军人的优抚，还包括了公伤和对军人家属的优抚措施。

五 《恩给法》的沿用

第二次世界大战后，日本取消了军队，并在其宪法中承诺将不再拥有海陆空军及其他战力（根据《日本宪法》第 9 条第 2 项）。但在 1950

---

① 今城徹．战前期日本的军人恩给制度（戦前期日本の軍人恩給制度）［J］．大阪大学经济学，2014（02）：101~102．

年6月，日本颁布了《警察预备令》，建立了自卫队的前身——警察预备队，①并规定其职务为特殊职公务员（《警察预备令》第8条），适用《恩给法》（1926年法律第48号）、《国家公务员共济组合法》（1948年法律第69号）和有关国家公务员退职津贴的临时措施法律（1950年法律第142号）。1952年警察预备队改称安保队；1954年日本在颁布实施《防卫厅设置法》和《自卫队法》的同一天，将安保队改称"陆上自卫队"②。至此，现代意义上的自卫队正式形成。

1926年的《恩给法》主要是以军人和其他公务人员为适用对象。在此基础上，1948年日本发布了国家公务员共济组合法，又称为旧国家公务员共济组合法，该法律将非常勤的人③、临时人员（雇佣时长超过2个月的除外）、公团及特别筹措厅的职员中政府管理的健康保险的被保险人或健康保险组合的被保险人、根据盟军的需要为盟军服务的人员、有公共事业费并且经费的全部或者部分用来支付的事业的劳务人员、适用未复原者给予法的人员（日本《国家公务员共济组合法》第1条）均纳入其保护范围。次年，修改的旧《国家公务员共济组合法》规定，非现业的雇佣人④也全部支付共济年金⑤。

也就是说，在这一时期，关于公务员的养老制度（社会保障制度）的规定主要有两种，分别为《恩给法》和旧《国家公务员共济组合法》。公务员根据职务的不同，分别适用其法律。由于自卫官并不符合旧《国家公务员共济组合法》的适用对象，因此在该时期继续适用《恩给法》。

目前，关于军人恩给依然包含在防卫费中，但仅支付给旧军人及其遗属，已不支付给现在的自卫官。

①　参照周明，李巍. 东瀛之刀 [M]. 上海：上海社会科学院出版社，2015：36.
②　参照周明，李巍. 东瀛之刀 [M]. 上海：上海社会科学院出版社，2015：38.
③　日本的非常勤人员，主要是指非正式雇佣的人员，通常只在特定的时间出勤。
④　日本的现业职员通常是指从事现场工作的职员，非现业职员为不从事现场工作的职员。
⑤　神代和欣. 退職給付の官民比較と国際比較——老後貯蓄支援型マッチング拠出方式（日本版TSP）のすすめ [EB/OL]. （2024-03-09）http://j-strategy.com/wp-content/uploads/2017/12/koushiro20171128. pdf#search=.

第三节　日本自卫官优抚制度现状

一　退职金

（一）日本自卫官人才任用方式

日本自卫官人才的任用方式分为两种：定年制和任期制。定年制是根据自卫官级别的不同，适用不同的任职时间和退职年龄。通常，公务员的定年退职年龄为 60 岁。[①] 考虑到自卫官职业的特殊性，日本为保持自卫队的战斗力，对自卫官采用年轻定年退职制，即退职年龄普遍小于公务员的退职年龄。自卫官定年退职年龄共分 5 个等级：将和将补为一个退职年龄，60 岁；一佐为 57 岁；二佐和三佐为 56 岁；尉、准尉、一曹为 55 岁，二曹和三曹为 54 岁[②]。整理如表 7-4 所示。

表 7-4　日本自卫官定年退职年龄表

等级		定年退休年龄	退休日
干部	将	60	达到法定退休年龄的生日
	将补		
	1 佐	57	
	2 佐	56	
	3 佐		
	1 尉	55	
	2 尉		
	3 尉		
准尉	准尉		
曹	1 曹		
	2 曹	54	
	3 曹		

来源：日本防卫省·自卫队官方网站资料。

---

① 根据《日本国家公务员法》第 81 条之 2 和第 81 条之 3 的规定。

② 参照日本防卫省·自卫队官方网站资料"陆上自卫队 退職自衛官雇用ガイド（陆上自卫队退职自卫官雇佣指南）"，https://www.mod.go.jp/gsdf/retire/seido.html。

任期制主要针通过"自卫官候补生"录用考试，成绩合格被录用的自卫官。自卫官候补生相当于通常所说的合同制职员，实行 2～9 年不等的任期。他们一般在 18 岁以上 27 岁未满时被录用，在 20 岁至 30 岁时任期届满。[①]

具体而言，陆上自卫官任职年限有 2、4、6、8 年，海上自卫官以及航空自卫官的任职年限有 3、5、7、9 年。通常以任期的方式来计算，陆上自卫官每 2 年为 1 个任期，即第 2 年为 1 任期，第 4 年为 2 任期，以此类推。同理，海上自卫官和航空自卫官也是每 2 年为一个任期，但与陆上自卫队不同的是，第 1 个任期为第 3 年，之后每 2 年 1 任期，即第 5 年为 2 任期，第 7 年为 3 任期，以此类推。

(二) 退职金

采用定年制的自卫官在完成一定年数的任职，退职时会得到一笔退职金。退职金的数额由俸给（工资）、工作年限对应的支付率、阶级调整金额决定，具体公示如下：

自卫官退职金＝俸给 × 工作年限支付率 + 调整金额

工作年限支付率为自卫官工龄对应的支付率。《国家公务员退职补贴支给率早见表（2018 年 1 月 1 日以后的退职）》显示，25 年为 33.3 倍，26 年为 34.79 倍……35 年到达最大值，35 年及 35 年以后，固定为 47.71 倍（详见表 7-5）。阶级调整金额因官职阶级大小而异，大致区间为 100 万～300 万日元左右。

表7-5　自卫官退职年金工龄支付率

工龄	支付率	工龄	支付率	工龄	支付率
25 年	33.3	27 年	36.28	29 年	39.29
26 年	34.78	28 年	37.79	30 年	40.80

---

① 参照日本公务员总研官方网站资料 "自衛官・自衛隊員の退職後に支給される「退職金」と「年金」について（关于自卫官・自卫队员退休后给付的'退休金'和'养老金'）"，https：//koumu.in/articles/781。

续表

工龄	支付率	工龄	支付率	工龄	支付率
31 年	42.31	33 年	45.32	35 年及以上	47.71
32 年	43.82	34 年	46.83		

来源：笔者根据日本内阁人事局《国家公务员退职补贴支给率早见表（国家公务员退職手当支給率早見表）》制成。

假定条件，曹阶级自卫官俸给为 30 万日元，工作了 25 年，调整金额为 200 万日元，那么 "300 000×33.3 = 9 990 000 日元" 是该自卫官退职金的基本金额。在这个基本金额的基础上再加上 200 万日元，则11 990 000 日元为该自卫官在退职应拿到的退职金数额。

此外，向自卫官支付退职金的条件，除了自卫官自身达到退职年龄退职外，还包括自卫官因自身原因提前退职、因公殉职、非因公死亡的情形。原则上，自卫官工作年限只要达到 6 个月以上，退职时均可请求获得退职金。但工作年限支付率会有所不同，非因公殉职的工作年限支付率与达到工作年限退职的支付率相同，但因自身原因提前退职的支付率低于前者。

（三）任期届满金

与定年制自卫官退职时获得的退职金相对应，任期制自卫官在任期届满时可获得的款项叫作任期届满金。任期届满金数额的多少受任期的影响较大，如陆上自卫官 1 任期的任期届满金为 54 万日元，2 任期的任期届满金为 138 万日元……航空自卫官 1 任期的任期届满金为 90 万日元，2 任期的任期届满金 143 万日元……任期届满金每 1 任期支付一次，陆上自卫官执行到 2 任期时，总共可获得 192 万日元，即 1 任期的任期届满金加上 2 任期的任期届满金。

自卫官可根据个人意愿选择任期届满金的获取方式，分期获取或一次性获取。分期获取，即在自卫官的每个任期结束时收到对应任期的任期届满金。一次性获取，即在最后一个任期结束时一起收到任期届满金。选择一次性获取会比选择分期获取所得到的金额要多，因此选择一次性获取的方式实属比较划算的方式。

任期届满金不是奖金，相当于退休金。任期制自卫官的任期为 2 年或 3 年，当完成 1 个任期的对应任命时间时，即为退职，即使继续任期，从合同的角度来说也属于退职后的重新入伍。假定某陆上任期制自卫官任职期 4 年，担任 2 个任期，相当于 2 次完成 2 年制的任期，合计退职两次。

另外，在任期制工作期间，因为是反复入伍和退职，所以这个期间不包括在退休金（年金）的计算期间内。因此，即使工作到退休年龄，退休金也会比在一般企业工作时少。从该点来看，任期届满金不是奖金，而应当被视为退休金的提前发放。从这一点上看，退职金与任期届满金在性质上不同。

二　年金制度

（一）年金制度框架

当今，日本社会养老保障制度框架由下至上主要分为 3 层。第 1 层国民年金（基础年金），第 2 层厚生年金保险，第 3 层则包括了确定处出年金（企业型）、确定给付企业年金、厚生年金基金、退职等给付年金、国民年金基金、iDeCo。被保险人也被分为 3 类。第 1 类为自营业者、农业者、学生、没有工作的人等。第 2 类为公司职员、公务员等。第 3 类为第 2 类被保险人的被抚养配偶，如家庭主妇。但是对于年收入超过 130 万日元的和 65 岁以上未满 70 岁且有以老年或退休为理由的养老金领取权的人，均不在第 3 类被保险人范围内。① 具体如图 7-3 所示。

1. 国民年金

国民年金是日本的基础年金，凡是在日本居住的 20 岁以上未满 60

---

① 参照日本年金机构官方网站资料"国民年金に加入するための手続き（加入国民年金的手续）"，https：//www. nenkin. go. jp/service/kokunen/kanyu/20140710-04. html。

		ioCeD				
第3部分	DeCoi	确定处出年金（企业型）	确定给付企业年金	厚生年金基金	退职等年金给付	
第2部分				（代行部分）		
	国民年金基金	厚生年金保险（私营企业职员）			（公务员等）	
第1部分		国民年金（基础年金）				
	[自营业者等]	[公司职员]		[公务员等]		[第2号被保险人的被抚养配偶者]
	第1号被保险人	第2号被保险人				第3号被保险人

图 7-3　日本社会养老保障框架图

来源：笔者根据日本厚生年金省年金制度的体系图翻译。

岁的人均被要求加入国民年金，包括持有一年以上居住签证的外国人。[①] 也就是说，该年金的覆盖范围很广，涵盖了第 1、2、3 类的被保险人。国民年金的资金来源主要为被保险人的缴费、政府财政补助和年金的投资收益。被保险人的缴费采取每月定额缴付年金保险金的方式给付。日本年金机构发布的数据显示，从 2020 年 4 月到 2021 年 3 月，被保险人每月需缴纳的保险金为 16 540 日元。[②] 对于第 1 类被保险人，主

---

① 参照日本年金机构官方网站资料"公的年金の種類と加入する制度（公共年金的种类及加入制度）"，https：//www. nenkin. go. jp/service/seidozenpan/shurui-seido/20140710. html。

② 参照日本年金机构官方网站资料"国民年金保険料の変遷（国民年金保险缴费额的变迁）"，https：//www. nenkin. go. jp/service/kokunen/hokenryo-hensen/20150331. html。

要通过单独缴费的方式缴付每月保险金；对于第 2 类被保险人，通过从工资中自动扣除保险金的方式缴付；对于第 3 类被保险人，则是通过其从配偶的工资中扣除的方式缴付。①

国民年金的发放从被保险人 65 岁开始，根据缴付期间的缴费额决定。如果从 20 岁开始到 60 岁的 40 年间里，被保险人支付了全部的保险金，则可领取满额给付，即每月 65 000 日元（该数额为 2020 年的标准）②。但是如果缴费不足 40 年，按照比例领取减额年金。对于学生、失业者或者低收入者等难以缴纳保险费的人，有暂时延期缴纳保险费、免除缴纳的制度。

2. 厚生年金保险

厚生年金保险的参保对象为公务员和私营企业的职员等。也就是说，对于公务员和私营企业的职员等，除了要加入上述国民年金外，还需要加入厚生年金保险。该部分年金的缴费额同职员的收入是有直接关系的，即"厚生年金缴费额＝收入×保险费率"。厚生年金的保险费率是根据养老金制度的修改从 2004 年开始阶段性地提高的，截至 2017 年 9 月的最后一次提高，目前保持在 18.3%。③ 另外，对于 18.3% 的保险金，由用人单位和被保险人个人各支付一半，直到被保险人退休。国家公务员原则上退休年龄为 60 岁，但是对于法律所规定的特殊职种公务员，退休年龄另有规定。④ 缴费方式同上述国民年金一样，直接从工资中自动扣除。

3. 确定处出年金（企业型）、确定给付企业年金、厚生年金基金、退职等给付年金、国民年金基金、iDeCo

就适用对象上看，国民年金基金主要适用第 1 类被保险人，即自营

① 参照日本年金机构官方网站资料"公的年金の種類と加入する制度（公共年金的种类及加入制度）"，https：//www. nenkin. go. jp/service/seidozenpan/shurui-seido/20140710. html。
② 参照日本年金机构官方网站资料"日本の公的年金は「2 階建て」（日本的公共年金是 2 部分构建）"https：//www. mhlw. go. jp/nenkinkenshou/structure/structure03. html。
③ 参照日本年金机构官方网站资料"厚生年金保険料額表（厚生年金保险缴费金额表）"，https：//www. nenkin. go. jp/service/kounen/hokenryo-gaku/gakuhyo/index. html。
④ 参照《日本国家公务员法》第 81 条之 2 和第 81 条之 3。

业者、农业者、学生、没有工作的人；确定处出年金（企业型）、确定给付企业年金、厚生年金基金均适用第 2 类被保险人中的公司职员。退职等年金给付则适用于公务员，该类虽然取代了之前的职域年金，但是被认为同职域年金并无本质区别。iDeCo 为个人型确定处出年金，适用于全体国民，其特点是居民自愿加入、向特定运营管理机构缴纳保险金、自主选择保险产品。

在上述所介绍的日本年金框架中，第 1 层和第 2 层年金由政府运营且带有强制色彩，因此日本的公共年金常常被说成是双层结构。第 3 层年金中，除了公务员适用的退职等年金给付外，其余均为企业或私人年金，其加入与否个人具有选择性。因此，这部分年金通常被称为私年金。

作为特殊职公务员的自卫官，在这个年金框架中主要适用公务员的年金保障，即需参加国民年金、厚生年金保险和退职等年金给付。

（二）日本自卫官的具体适用

在之前"当今日本社会养老制度框架"的介绍中可知，日本自卫官的社会养老制度遵循公务员的养老制度，即参加国民年金、厚生年金保险。因此在退职时可获得国民年金、厚生年金保险和退职等年金给付。下面就自卫官在退职后可具体获得多少年金做具体分析。

1. 国民年金

正如之前所介绍的，国民年金是一个全民普及的年金，其每月缴纳的保险费全民等同。因此在领取时，数额的多少与职种无关，仅仅与缴费的时间长短有关。国民年金的计算公式为：

国民年金额 = 78 万日元×自己国民年金的加入期间（月数）/480

因此，自卫官如果支付了 40 年的全部的保险金，则从 65 岁开始（日本年金发放是从被保险人 65 岁开始），可以得到全额约 78 万日元/年的国民年金，即每月 65 000 日元。如果只支付了 34 年的保险金，则可以得到的国民年金为 66.3 万日元/年。①

以上所说的均为 65 岁开始领取国民年金的情况。在现实生活中同样存在早领取和晚领取的情况。以满额给付为例，如果将 65 岁开始发放调至 70 岁开始发放的话，则每年可获得的国民年金增为约 110 万日元，每月约为 9.167 万日元，约为前者的 1.41 倍。但如果将 65 岁改为 60 岁开始领取的话，则可以获得的国民年金会减少 30%。

2. 厚生年金保险

厚生年金保险因各职业收入的不同，规定在职期间每月缴纳的保费也不相同，因此自卫官所需缴纳的保险金与其自身的收入密切相关。而日本自卫官的收入取决于基本工资和各种补贴。表 7-6 是各等级自卫官所对应的基本工资（日语为"基本俸给"）。

表 7-6　日本自卫官基本工资表　　　　　单位：日元

官职	基本收入	官职	基本收入	官职	基本收入
将	706 000~1 175 000	二尉	252 800~440 900	三曹	197 800~311 100
将补	513 100~592 500	三尉	244 800~439 200	士长	182 500~242 800
一佐	395 600~496 200	准尉	236 200~436 700	一士	182 500~198 200
二佐	344 600~488 500	曹长	229 700~424 900	二士	167 700~178 900
三佐	318 600~468 800	一曹	229 500~410 100		
一尉	278 500~445 700	二曹	220 900~380 500		

来源：笔者根据日本《关于防卫省职员的给予的法律（防衛省の職員の給与等に関する法律）》别表制成。

至于日本自卫官的补贴，包括但不限于以下所列举的：②

（1）交通补贴（日语为"通勤手当"）。该补贴主要针对的是上下班单程距离为 2 公里以上的自卫官。乘坐公共交通通勤的话，一个月支

---

① 参照自卫官生活支援会官方网站资料"自衛官が知っておくべき「年金」について（关于自卫官应该知道的养老金）"https：//jlife-jfp-sup.com/2020/04/03/%e8%87%aa%e8%a1%9b%e5%ae%98%e3%81%8c%e7%9f%a5%e3%81%a3%e3%81%a6%e3%81%8a%e3%81%8f%e3%81%b9%e3%81%8d%e3%80%8c%e5%b9%b4%e9%87%91%e3%80%8d%e3%81%ab%e3%81%a4%e3%81%84%e3%81%a6%ef%bc%81/。

② 参照日本公务员总研官方网站资料"自衛官の階級ごとの給料はどれくらい（自卫官各等级的收入是多少）？"，https：//koumu.in/articles/768。

付 55 000 日元；使用汽车的话，单程未满 5 公里的给予 2 000 日元，单程 60 公里以上的给予 31 600 日元为限。

（2）抚养补贴（日语为"扶养手当"）。自卫官如果抚养妻子和孩子的话，国家会支付"抚养补贴"。抚养妻子的话，大概是 6 500 日元，抚养孩子的话，15 岁之前的孩子每人支付 10 000 日元，16~22 岁的孩子每人支付 15 000 日元。

（3）单身赴任补贴（日语为"单身赴任手当"）。如果自卫官只身一人离开家人，到新分配的地方赴任的，自卫队会发放单身赴任补贴。该补贴的基础金额是 30 000 日元，随着距离的增加支付额也会增加。但是，如果不满由于调动等而产生的诸如搬家、上下班困难、经常处于单身状态、不得已分居的 4 种情况的话，该补贴将停止支付。

（4）地域补贴（日语为"地域手当"）。该补贴主要针对的是在物价高的城市就职的自卫官，被分配到物价高的城市和物价低的地方，房租和物价的高低会导致工资额的差距。为了弥补这一差距，自卫队主要通过发放地域补贴来弥补。支付额（薪水+薪水的特别调整额+职员职位调整补贴+抚养补贴）以月额乘以支付比例来计算。

（5）灾害派遣补贴（日文为"灾害派遣手当"）。自卫队如果由于泥石流或除雪等灾害被派遣的话，将支付"灾害派遣津贴"。灾害派遣补贴每天支付 1 620 日元，其前提条件是"不连续工作两天以上，就不发灾害派遣津贴"。但是，如果是"生命有显著危险的人的生命救助"的话，即使是 1 天，也会支付灾害派遣补贴，也有允许增加金额的情况。

（6）航空工作补贴（日文为"航空作业手当"）。该津贴主要发放的对象是担任飞行员的自卫官。

（7）船员津贴或航海补贴（日文为"乘组员手当·航海手当"）。该补贴的发放主体为海上自卫队所属的自卫官，即自卫官在潜水艇、护卫舰等舰艇工作时，会支付船员津贴或航海补贴。

综上，自卫官的收入是根据官职的级别和具体情况来决定的。这样，各自卫官因为自身情况的不同，收入不同，每月缴纳的厚生年金保险金也不尽相同，所导致的直接后果就是，退休后每月可领取的金额不相同。

厚生年金额=生涯的平均收入（包括奖金）×5.481/1 000×投保的月数①

如果一个自卫官 18 岁入伍，54 岁退休，该自卫官的投保期间就应该是 18 岁至 54 岁，即 36 年，以月数计算的话为 36 年×12 个月=432 个月。若该自卫官的职业生涯平均工资为 50 万元，则退职后可获得的厚生年金额=50 万元×5.481/1 000×423，为 118.389 6 万日元/年，每月可获得约 9.9 万日元。

3. 退职等年金给付（日文为"退職等年金給付"）

退休年金给付的金额是以新积累的保险费为财源的年金，是将每月的标准报酬月额和标准期末津贴等金额乘以付息率得到的付给额，和利息一起存到退休为止。② 通常计算方式如下：

保险金=标准报酬月额等×保险金率③

支付设计采用现金平衡方式，在抑制了保险费的追加支付风险的基础上，将保险费率的上限定为法定。2015 年 10 月之后，保险金率被规定为 1.5%，由个人和单位各负担一半。也就是说，个人仅需支付 0.75%的保险金。即，假设一个自卫官每月的标准报酬为 36 万日元，保险金率为 1.5%，则每月需要缴纳的该部分金额为 5 400 日元，由个人和单位各缴付 2 700 日元。

该年金原则上从 65 岁开始支付，一半作为有期退职年金，一半作为终身退职年金。有期退职年金的期限可以选择一次性给付或 10 年、20 年给付。本人死亡的情况下，有期退职年金的剩余部分将作为临时

---

① 参照自卫官生活支援会官方网站资料"自衛官が知っておくべき「年金」について（关于自卫官应该知道的养老金）" https：//jlife-jfp-sup.com/2020/04/03/%e8%87%aa%e8%a1%9b%e5%ae%98%e3%81%8c%e7%9f%a5%e3%81%a3%e3%81%a6%e3%81%8a%e3%81%8f%e3%81%b9%e3%81%8d%e3%80%8c%e5%b9%b4%e9%87%91%e3%80%8d%e3%81%ab%e3%81%a4%e3%81%84%e3%81%a6%ef%bc%81/。

② 参照日本地方公务员共济组合连和会官方资料"年金払い退職給付制度に係る年金財政状況及び掛金率について（关于年金支付退休给付制度相关的年金财政状况及支付率）" https：//www.chikyoren.or.jp/Portals/0/images/index/nenkinbarai_ ritu_ h30. pdf。

③ 保险金率的计算方式为：保险金率=（总给付现价-积立金）÷标准报酬等现价。

金支付给遗属，但终身退职年金终止。[①] 有期退休年金额=有期退职年金算定基础额/有期年金现价率。终身退职年金额=终身退职年金算定基础额/终身年金现价率。[②]

三　再就业支援措施

日本政府积极采取各种措施帮助退职自卫官再就业。早在 1985 年颁布的《职业能力开发促进法》中就已明确规定军官退休前 2 年、士兵入伍第 4 年，必须接受职业训练。截至目前，防卫省为自卫官们提供的再就业支援措施主要包括以下内容：[③]

（1）职业适应性检查。对准备退职的自卫官，进行将来规划的适合性指导。

（2）技能训练。帮助自卫官掌握能够取得对社会有用的相关资质的能力。

（3）防灾危机管理教育。对于干部自卫官，进行防灾行政的结构及国民保护计划等专业知识教育。本课程的出席是内阁府进行的地域防灾管理人的证明要件。

（4）通信教育。该训练同技能训练一样，旨在帮助自卫官掌握能够取得对社会有用的相关资质的能力。

（5）业务管理教育。该教育以加强自卫官对社会的适应性，帮助自卫官规划再就业或退职后生活为目的，授予其必要的知识。

（6）就业辅导教育。该教育针对任职届满即将离职的自卫官，给

---

① 日本地方职员共济组合官方资料"年金払い退職給付について（关于年金支付退休给付）" https：//www. chikyosai. or. jp/guide/qa/qalist26. html。

② 参照日本财务省官方网站资料"国家公务员共济组合における退職等年金給付及び経過の長期給付の現状について（关于国家公务员共计组合的退休等年金给付以及长期给付的现状）" https：//www. mof. go. jp/about＿mof/councils/fiscal＿system＿council/sub－of＿kkr/proceedings/material/kyousai20190614-3. pdf。

③ 参照日本《防卫白书》2019 年版，https：//www. mod. go. jp/j/publication/wp/wp2020/pdf/R02shiryo. pdf。

予职业选择的指导，以及再就业的心理辅导。

（7）外部咨询委托。委托外部专家，根据自卫官的个人需求给予其关于将来打算的咨询解答。

（8）实习。为防止自卫官因与再就业单位不匹配等原因而提前离职，以及扩宽再就业志向，对即将退职的自卫官提供实习机会。

具体的职业培训科目包含下面所列举的培训内容在内的 150 个科目（见表 7-7）。

表 7-7　再就业支援措施中的主要职业培训

自动车操作	大型汽车、普通汽车、中型汽车、大型特殊汽车、准中型汽车
设施机械等操作	叉式装卸车、起重机司机、锅炉技师、高空作业车、车辆系建筑机械
电气通信技术	电工、电气工程师、电信工人、无线电工程师
危险物品作业	危险物品操作员、第 3 种制冷机械设备责任人、有毒有害物质处理责任者、高压气体制造安全责任人
劳务等工作	安保人员、运营管理员、社会保险劳工顾问、综合危机管理员、仓库管理负责人
信息处理技术	计算机基础、IT passport 认证、微软办公软件国际认证、基本信息工程师
社会福利相关	护理师新进培训、福利住房协调员、心理咨询师、护理师
法务等实务	房地产经纪人、行政书记员、国内旅行业务管理者、秘书、海关工作
其他	公务员考试对策讲座、医疗事务、医疗保险事务、日商簿记、金融规划师、消防工程师、熔接工、无损检测员、卫生管理员、管理业务主管、消防管理人员、厨师

资料来源：日本《防卫白书》2019 年版。

针对任期制自卫官，推行大学扶持政策，具体包括向以防卫大学为首的各大学进行名额推荐、推行大学贷款措施。所谓大学贷款措施，是指任期届满，退职进大学的自卫官以贷款形式给予奖学金，若大学毕业后可以回归并任职自卫官一职且达到一定工龄者，可以给予一定程度的债务偿还免除，并且该再就业支援措施的实施确实达到了不错的效果。日本防卫省·自卫队的官方数据显示，2018 年，任期制自卫官的再就业率达到 99.8%, 定年制自卫官的再就业率达到 98.7%[①]。且各行业中, 服务业和运输、通信、电气、燃气、水道事业的就职比重最高。具体如图 7-4 所示:

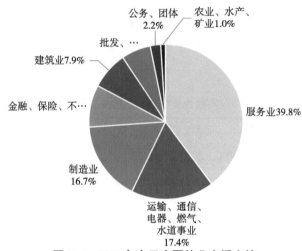

图 7-4 2018 年自卫官再就业支援实绩

资料来源: 日本《防卫白书》2019 年版。

四 其他

（一）退役补助金

针对上校以下的自卫队员退役后如不能再就业或再就业后收入水平较低, 日本政府规定, 可以每年领取退役补助金, 其标准最多相当于本人退役时 6 个月的工资, 一直发到 60 岁。

（二）医疗

作为福利国家, 日本同样在医疗上也给予自卫官优厚的保障。例如, 自卫官因公务或上下班所造成的伤病, 产生的医疗费以及就医交通

---

① 参照日本《防卫白书》2019 年版, https://www.mod.go.jp/j/publication/wp/wp2020/pdf/R02shiryo.pdf。

费等费用，由政府全额负担。同时，因公务或因上下班所致伤，导致误工不能领取工资时，每天支付相当于平均工资 60% 的金额作为休业补偿。① 对于非公伤致的患病自卫官，在防卫医科大学附属医院、自卫队所属医院或相关诊疗所就医时，诊疗费、医药材料费、手术治疗费、居家或入院时所产生的护理费用均由国家负担（日本《防卫省职员工资等相关法律》第 22 条）。

第四节　日本自卫官优抚制度存在的问题及今后的改革趋势

作为福利国家，日本在自卫官优抚方面已经形成比较完备、优厚的制度体系，且该制度体系确实对吸引年轻人加入自卫官队伍、为自卫官队伍注入新鲜"血液"、保证自卫官在职率起到了一定的促进作用。目前，在日本年轻人中形成了这样一个风气，没有好的就业选择会优先考虑当自卫官。并且，日本防卫省·自卫队官方公布的在职数据也很好地佐证了自卫官职业的吸引力。公开数据显示，自 2015 年以来，连续 5 年日本自卫官的在职率，曹及以上级别保持在 90% 以上，虽然士级别的自卫官的在职率徘徊在 69.5%~77% 之间，但从总体上来说仍呈上升态势，详见表 7-8。

表 7-8　日本自卫官在职率统计表

时间	区分	非任期制自卫官			任期制自卫官
		干部	准尉	曹	士
2015.4.1 至 2016.3.31	预定人数	45 427	4 954	140 136	56 637
	实际人数	42 478	4 491	137 898	18 897　　23 575
	在职率	93.5	90.7	98.4	75.0

---

① 参照日本人事院官网资料"国家公务员灾害补偿制度について（关于国家公务员灾害补偿制度）"，https：//www.jinji.go.jp/saigaihoshou/01_ shimkumi-syurui.html#ryouyouhoshou。

续表

时间	区分	非任期制自卫官			任期制自卫官
		干部	准尉	曹	士
2016.4.1 至 2017.3.31	预定人数	45 524	4 940	140 005	56 685
	实际人数	42 444	4 632	137 951	16 402	22 993
	在职率	93.2	93.8	98.5	69.5
2017.4.1 至 2018.3.31	预定人数	45 693	4 930	139 610	56 921
	实际人数	42 333	4 618	137 911	19 200	22 727
	在职率	92.6	93.7	98.8	73.7
2018.4.1 至 2019.3.31	预定人数	45 793	4 923	138 619	57.819
	实际人数	42 274	4 603	137 052	20 734	21 884
	在职率	92.3	93.5	98.9	73.7
2019.4.1 至 2020.3.22	预定人数	46 039	4 923	140 191	56 001
	实际人数	42 495	4 777	137 071	21 735	21 364
	在职率	92.3	97.0	97.8	77.0

来源：笔者根据日本《防卫白书》平成 28 年版、29 年版、30 年版、令和元年版、令和 2 年版制成。

一 财政负担

虽然成熟、高福利的社会保障制度确实能够给予自卫官们高水平的养老和就医等条件，但是无形中也加重了社会保障的资金负担。尤其是结合日本持续的老龄化、少子化、人口总数减少的社会现实问题，现有的社保资金紧缺现象已经成为日本政府所面临的棘手问题。从日本政府近些年的应对措施可以看出，试图通过延长退休时间和提高社会保险缴费率的方式来缓解社保资金的压力。

例如，自卫官的退职年龄开始向后延长。2018 年，任职制自卫官的就职年龄从 18 岁以上 27 岁未满，延长至 18 岁以上 33 岁未满。① 定年制自卫官中，一佐的退休年龄从 56 岁延长至 57 岁，二佐、三佐的退

---

① 参见前引 50。

休年龄从 55 岁延长至 56 岁，二曹、三曹的退休年龄从 53 岁延长至 54
岁（见表7-9）。

表 7-9 日本定年制自卫官退休年龄变化图

	干部				准尉	曹		士
	一佐	二佐	三佐	一~三尉		曹长、一曹	二、三曹	士长
2020 年	56 岁	55 岁			55 岁		53 岁	21~35 岁前后
2021 年	57 岁	56 岁			55 岁		53 岁	21~35 岁前后
2022 年	57 岁	56 岁			55 岁		54 岁	21~35 岁前后

资料来源：笔者根据日本航空自卫队官方资料《关于退休制度》制成。

再者，近些年日本国民所缴纳的公共保险金的数额显示，其金额也
呈现总体上升的趋势。以国民年金缴纳金额为例（如图 7-5 所示）。

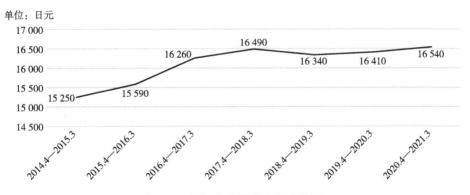

图 7-5 国民年金缴费金额变化图

资料来源：笔者根据日本年金机构公布的《国民年金保险金的变化》制成。

日本各年人口普查的数据显示，在 2010 年以前，日本人口总数总
体上是在上涨的，2010 年达到顶峰，即 1.280 57 亿人，之后以平均每
年 21 万人的数量在减少。数据显示，2019 年日本总人口为 1.261 67 亿
人。① 另外，日本国立社会保障·人口问题研究所根据现有的人口结
构，以及各出生率、死亡率和各年龄人口比重等特点预测，到 2060 年，
日本总人口中的老人比重将占到 39.9%，而年轻人（20~39 岁）的比

————————

① 参照日本总务省统计局官方网站，https：//www.stat.go.jp/index.html。

重只占到 17.4%。

这样一来，年轻人大幅度减少，承担老年人生活的担子只会日益加重。如果仅仅按照现有的缓解方式，即延长退休年龄和提高社会保险缴费率的方式，迟早日本社会保险制度会陷入瘫痪。

综上，面对已经到来的老龄化社会、人口社会结构已呈现倒三角形的现状等问题，绝不是通过延长退休年龄等方式就可以从根本上解决日本社会保障金问题的。问题的关键是建立可持续化的社会保障制度。因此，如何建立符合老龄化社会特点、可持续化运营的社会保障金制度，不仅是日本自卫队也日本政府长期需要面对的课题之一。

二 无法发挥优势的再就业

虽然日本防卫省每年公开的数据显示，日本自卫官们再就业率较高，均达到90%以上，但从实际所从事的工作内容来看，门卫、高速公路收费站收费员、运输业职员、行李分拣员、旅馆接送巴士和幼儿园司机、超市工作人员等具体职务内容无法与自卫官在职期间所学到的技能相匹配。且为防止自卫官与企业之间不正当利益的交换，日本政府规定，3佐以上的自卫官不得在有利害关系的企业自行求职，这便更加限制了退职自卫官再就业的选择范围。

另外，近年来地方自治团体越来越多地聘用自卫官担任危机管理监督和防灾监督，希望经验丰富的自卫官能够在再就业过程中活用自身经验，发挥自身优势。不过，由于该类就业职位多处于底层，相较自卫官在职期间的收入大幅减少，其实际发挥的效用和社会意义受到质疑。

参考文献

[1] 隋东升. 中国优抚制度的建立和发展 [J]. 军事历史, 1995（3）: 14-16.

[2] 刘爱民. 建国以来军人优抚制度回顾 [J]. 前沿, 2012（4）.

[3] 刘利辉, 刘春玲. 军人优抚权的法律属性分析 [J]. 武警学院学报, 2008（7）.

[4] 国家发展和改革委员会社会发展研究所课题组, 谭永生, 关博, 等. 我国社会救助制度的构成、存在问题与改进策略 [J]. 经济纵横, 2016（6）.

[5] 胡玉鸿. 试论法律位阶制度的前提预设 [J]. 浙江学刊, 2006, （2）.

[6] 崔建新. 完善军人优抚制度 建设现代化军队 [J]. 当代教育论坛（综合研究）, 2011（10）.

[7] 余华志. 现阶段我国军人社会保障制度研究 [D]. 武汉: 华中师范大学, 2002.

[8] 何兴. 我军参战军人优抚研究 [D]. 长沙: 国防科学技术大学, 2009.

[9] 姜新生, 杜晓娜. 军人优抚制度存在的问题及解决思路 [J]. 军事经济研究, 2010（6）.

[10] 赵琦. 军人抚恤优待纠纷问题研究 [J]. 辽宁行政学院学报, 2011（4）.

[11] 杨巧赞. 健全机构 制定规划 加快优抚立法进程: 访《军人抚恤

优待法》起草领导小组副组长周士禹［J］．民政论坛，1997
（1）．

［12］杜立婕，陈艳芬．伤残军人对于优抚政策满意度的调查分析：以
上海市荣誉军人疗养院为例［J］．社会福利（理论版），2012
（12）．

［14］王岩．我国军人社会保障制度存在的问题及建设对策［D］．沈
阳：沈阳师范大学，2014．

［16］吴明．德国、意大利的军人优抚保障［J］．中国社会工作，1998
（5）．

［18］崔恒展，陈岱云．新公共管理理论视野下的优抚安置对象自我服
务管理机制研究［J］．济南大学学报（社会科学版），2015
（5）．

［19］浙江在全国率先探索引导社会力量参与优抚服务［J］．党政视野，
2015（12）：31．

［20］邹军誉．国外优抚安置制度精选［M］．北京：中国社会出版
社，2013．

［21］陈炳福．美国军官薪酬制度研究［J］．中国军事科学，2016
（2）．

［22］李超民．美国社会保障制度［M］．上海：上海人民出版社，
2009：187．

［23］李贵强．英国职业养老金发展动态及启示［J］．社会保障研究，
2014（1）：107-112．

［24］HATCH S. et al. Life in and after the armed forces：social networks
and mental health in the UK military［J］.Sociology of health and
illness，2013（35）：7，1045-1064．

［25］楚明珠．英国启动"从部队到教师"计划［J］．世界教育信息，
2013（13）：74-75．

［26］苑仲达．英国积极救助制度及其借鉴启示［J］．国家行政学院学

报，2016（8）：124-128.

［27］IVERSEN A，et al. What happens to British veterans when they leave the armed forces？［J］The european journal of public health，2005（15）：2，175-184.

［28］BINKS E. The transition experience of British military veterans［J］. Political psychology，2018（39）：1，125-142.

［29］何静．国外非政府组织的管理模式及对中国的启示［J］．学术探索，2013（6）：64-68.

［30］DANDEKER C，WESSELY S，IVERSEN A，et al. What's in a name? defining and caring for veterans：the united kingdom in international perspective［J］. Armed forces & society，2006（32）：2，161-177.

［31］王名．英国的慈善组织［N］．中国发展简报，2012-12-24.

［32］梅育新．英国福利国家制度的启示［N］．中国经济时报，2012-12-12.

［33］田夫．英国社会保障制度［J］．中国民政，1995（5）：48.

［34］山乔．英国、德国退役军人安置概览［J］．中国人才，2011（8）：39-43.

［35］GRIBBLES R，et al. Public awareness of UK veterans' charities［J］. The RUSI journal，2014（159）：1，50-57.

［36］GRIBBLES R，et al. Armed forces：the UK's armed forces：public support for the troops but not their missions？　［M］//PARK A，eds. British social attitudes，London：NatCen Social Research，2012：138-155.

［37］HINES L，et al. Are the armed forces understood and supported by the public? a view from the United Kingdom［J］. Armed Forces & Society，2015（41）：4，688-713.

［38］郑秉文，胡云超．英国养老制度改革"市场化"取向的经验与教

训 [J]. 辽宁大学学报, 2003 (4): 93-102.

[39] MILLAR J, BENNETT F. Universal credit: assumptions, contradictions and virtual reality [J]. Social policy and society, 2017 (16): 2, 169-182.

[40] 潘华. 美国、俄罗斯对军人的社会保障 [N]. 中国社会报, 2014-07-28 (007).

[41] 刘纯安. 美俄军人社会保险制度比较 [J]. 中国社会保障, 2009 (8): 26-28.

[42] 刘鹏. 俄罗斯军人保险法的发展及启示 [J]. 学习与探索, 2011 (2): 130-133.

[43] 文校. 俄罗斯的军人保险 [J]. 国防, 1995 (9): 45-46.

[44] 吴明. 德国、意大利的军人优抚保障 [J]. 中国社会工作, 1998 (5): 52-54.

[45] 山乔. 英国、德国退役军人安置概览 [J]. 中国人才, 2011 (8): 39-43.

[46] 李广宇. 军人社会保障的国际经验及对我国的启示 [J]. 上海保险, 2012 (9): 49-51.

[47] 孟李, 袁潇. 浪漫之国的务实之举: 法国军官退役安置一览 [J]. 中国人才, 2006 (4): 52-54.

[48] 郭传宣. 法国退役军人安置与培训概况 [J]. 中国人才, 2011 (20): 38-43.

[49] 李成日. 日本解禁集体自卫权的举措与影响 [J]. 国际问题研究, 2014 (4): 59-71.

[50] 任玮, 鲁潇. 从新防务政策文件看日本自卫队建设和装备发展 [J]. 国防, 2014 (4): 73-75.

[51] 小岛克久, 王茜铃. 日本经济发展与社会保障: 以长期护理制度为中心 [J]. 社会保障评论, 2019, 3 (1): 76-88.

[52] 防卫力的人的侧面的根本性改革检讨会. 防卫力的人的侧面的根

本性改革［EB/OL］.［2018-06-20］.日本防卫省，2007.

[53] 日本防卫省．日本防卫组织关系图［EB/OL］.［2018-06-
20］.http：//www. mod. go. jp/j/prof ile/mod_sdf/index. html.

[54] 日本防卫省．日本的防卫：防卫白书［M］.日本：日经印刷，2017.

[55] 国家公务员共济组合联合会．公共年金的组成［EB/OL］.
［2018-06-20］http：//www. kkr. or. jp/nenkin/zenpan/seido/
aramashi/index. html.

[56] 防卫省陆上幕僚监部人事部．自卫队的退职制度［EB/OL］.
［2018-06-20］http：//www. mod. go. jp/gsdf/retire/mokuteki/
index. html.

▶▶▶▶▶▶ 后　　记 ◀◀◀◀◀◀

　　我从小就有一个"军旅梦"，遗憾未偿夙愿，只能将儿时梦想转化为对退役军人权益保障的关注和研究。国防是基础公共产品之一。军人及军属"舍小家、为国家"，为国"站岗放哨"、守万家千户安宁，强化军人权益保障既是对他们贡献的补偿，也是享受国防公共产品的社会大众所必须承担的。习近平总书记指出，"让军人成为社会最尊崇的职业"。这既闪耀着军人优抚保障的理论光芒，也是落实军人权益保障工作的最高指引。我国高度重视军人的权益保障工作，中国特色社会主义进入新时代以来，我国军人、军属权益保障取得了令人瞩目的成就。

　　一是体制机制更加健全。2018年3月，第十三届全国人大第一次会议批准的国务院机构改革方案，退役军人事务部成立，随后地方各级退役军人事务厅（局）相继挂牌成立。此外，大力推进退役军人服务机构的实体化，建立了从国家到村（社区）六级退役军人服务中心（站），形成了健全的退役军人权益保障组织体制。

　　二是法律制度更加完备。我国通过立法、修法不断完善军人权益保障法律体系。先后制定《退役军人保障法》《军人地位和权益保障法》《境外烈士纪念设施保护管理办法》，修订《军人抚恤优待条例》《伤残抚恤管理办法》《烈士公祭办法》《烈士安葬办法》等。有地方还颁布了相关的地方立法，如《河北省退役军人保障条例》等。从立法层级来看，形成了法律、行政法规、部门规章、地方性法规效力层级完备的规范体系；从立法内容来看，涉及军人权益保障的方方面面，形成了权益保障完备的内容体系。

　　三是保障水平不断提升。国家不断强化退役军人关注的就业安置、教育培训、困难帮扶、烈士褒扬、抚恤优待等权益保障。国家对退役军人优抚对象抚恤补助标准不断调整和提高。强化退役军人就业创业权益的保障，如提高税收优惠，鼓励和促进退役军人创业。通过年度就业服务专项行动、民营企业服务月、金秋招聘月等活动，促进退役军人就业，成效显著。

本书是国家社科基金重点项目"健全退役军人工作体系和保障制度研究"（20AZD077）的阶段性成果，主要从比较法的视角对中国、俄罗斯、美国、英国等国家的军人优抚保障制度予以介绍。本书的完成得益于学界各位先进的大力支持和倾心参与，在此表示衷心感谢！具体分工如下：

第一章　范　围　首都经济贸易大学劳动经济学院教授、博士生导师

王呈美　首都经济贸易大学劳动经济学院硕士研究生

第二章　柯振兴　南开大学法学院讲师、法学博士

于　汇　中国政法大学民商经济法学院讲师、法学博士

第三章　曹学兵　英国基尔大学商学院讲师

第四章　Vishnevskiy Alexander　首都经济贸易大学法学院法学博士

第五章　Heinz-Dietrich Steinmeyer　德国明斯特大学法学院教授、博士生导师

王艺非　德国马普研究所法学博士

第六章　韩　壮　法国普瓦捷大学国际法研究所研究员

第七章　周小稚　日本山口大学博士、日本山口大学研究员、中电智能科技有限公司法务

感谢首都经济贸易大学出版社乔剑编审、彭伽佳编辑，在她们的大力支持和精心编辑下，本书得以顺利出版！

谨以此书致敬最可爱的中国军人及军属！

范　围

二〇二四年七月十日